M. le Chanoine Jules DIDIOT

DOYEN DE LA FACULTÉ DE THÉOLOGIE DE LILLE

PAR

l'abbé Paul LEMAIRE

Docteur ès lettres.

« Je suis décidé à remuer, pour le service de la sainte Église, tout ce que je pourrai ébranler de la masse infâme du siècle... »

LILLE
IMPRIMERIE LEFEBVRE-DUCROCQ

M. le Chanoine Jules DIDIOT

DOYEN DE LA FACULTÉ DE THÉOLOGIE DE LILLE

Imprimatur :

P. CATEAU,

V. G.

SANCTAM ROMANAM ECCLESIAM
PROMOVERE !

M. le Chanoine Jules DIDIOT

1840-1903

M. le Chanoine Jules DIDIOT

DOYEN DE LA FACULTÉ DE THÉOLOGIE DE LILLE

PAR

l'abbé Paul LEMAIRE

Docteur ès lettres.

« Je suis décidé à remuer, pour le service de la sainte Église, tout ce que je pourrai ébranler de la masse infâme du siècle... »

LILLE
IMPRIMERIE LEFEBVRE-DUCROCQ

A Madame Alix Didiot.

Hommage de respectueuse reconnaissance.

P. L.

PRÉFACE

Des voix plus autorisées que la nôtre se sont déjà fait entendre pour rendre au mérite de M. le chanoine Jules Didiot le légitime hommage qui lui était dû. Dans des articles nécrologiques remarquables, des maîtres de l'Université catholique de Lille ont joint leurs éloges à ceux que des prélats distingués lui avaient déjà adressés.

En présence de ce concert de louanges, d'une si haute portée, nous devrions peut-être garder le silence. Mais la reconnaissance et le respectueux attachement que nous avions pour M. le chanoine Didiot nous font un devoir d'esquisser sa biographie, qui restera comme un juste tribut payé à la mémoire de l'éminent théologien.

En retraçant à grands traits cette vie si belle et si bien remplie, nous avons eu en vue, avant tout, la vérité. Ce n'est pas un vain panégyrique que nous avons voulu faire, mais un portrait fidèle. Nous sommes certain que les prêtres nombreux qui ont reçu son précieux enseignement nous sauront gré [1] d'avoir réuni, dans ce modeste

---

1. « Ce serait un crime, écrivait l'un d'eux, que de laisser tomber dans l'oubli de telles vies. Si l'Église avait aujourd'hui beaucoup de prêtres à sa taille, le désarroi ne serait pas dans les rangs du clergé. »

volume, les principaux épisodes de l'existence de leur ancien professeur, dont ils garderont incontestablement le plus durable souvenir.

Aussi bien, cette publication n'est peut-être pas inutile. Aujourd'hui, plus que jamais, il importe de proposer au clergé un idéal qu'il puisse suivre. Il n'en est pas, à notre avis, de plus beau et de plus pur, que celui de ce prêtre sans tache, orphelin de bonne heure, qui sut aimer d'un incomparable amour cette autre famille à laquelle nous sommes fiers d'appartenir : le pape et l'Église romaine.

CHAPITRE I

LA NAISSANCE. — LES PREMIÈRES ANNÉES. — LE PETIT SÉMINAIRE.

A 28 kilomètres de Verdun, sur le versant d'un coteau, s'élève le gracieux village de Cheppy. C'est là que naquit Jules Didiot, aux matines de l'Assomption le 14 août 1840, de François-Alexandre Didiot [1], instituteur, et de dame Catherine-Florence Hannequin, son épouse. Il fut baptisé le 16 du même mois à l'église paroissiale de cette commune.

On raconte, à propos du baptême de Jules Didiot, un petit incident que nous croyons utile de rapporter ici :

Lors de la présentation du nouveau-né aux fonts baptismaux, l'enfant de chœur, curieux comme on l'est à cet âge, désira voir de près le jeune baptisé. Il tenait à la main le cierge en usage dans cette cérémonie, et l'approchant imprudemment de la tête de l'enfant laissa tomber une goutte de cire brûlante qui effleura sa joue, en même temps que sa petite robe courait risque de s'enflammer. Mgr Pagis, présidant un jour une cérémonie religieuse à Longeaux, où l'enfant de chœur du baptême était devenu curé, et étant accompagné de M. Jules Didiot, alors doyen de la Faculté de théologie de Lille, interpréta le fait d'une manière très ingénieuse. On y voyait lumière, chaleur et feu, le tout réalisé en l'éminent théologien que l'on venait d'entendre, et dont la parole était tout à la fois claire, convaincue et entraînante.

---

1. La famille Didiot s'était de tout temps distinguée par son solide attachement à la foi religieuse. C'est ainsi, par exemple, qu'à l'époque de la persécution révolutionnaire, elle eut l'honneur de recevoir et d'héberger à Esnes un prêtre proscrit, M. l'abbé Vignon, qui continuait à apporter aux moribonds, au péril de sa vie, les secours de la religion. — Voyez à ce sujet la curieuse brochure de M. l'abbé Gillant, curé d'Auzéville : *M. Fr. Vignon, missionnaire pendant la Révolution*. Imprimerie Laurent, à Verdun.

Le père du jeune Didiot était un homme de grande valeur, aussi modeste que distingué. Son empire et son influence sur ses élèves étaient inimaginables. Sans avoir rien d'affecté, il dominait tout le monde par sa science incontestable, par son jugement prompt et sûr, par sa parfaite tenue. On se rappelle encore à Cheppy son ardeur pour l'avancement de ses élèves, qu'il conduisait lui-même arpenter et cuber des bois, rayonnant et magnifique aux jours de fête, jeune et simple tout à la fois.

« Monsieur Didiot, dit M. Tricottet, inspecteur d'académie, était un des meilleurs instituteurs de mon arrondissement ; à un dévouement absolu à ses devoirs, à des connaissances étendues, à des talents pédagogiques remarquables, il joignait des sentiments religieux très profonds, et toutes les qualités d'un homme de bien. »

Sa classe était admirablement tenue. L'ordre, la discipline y régnaient, malgré la présence, sous un seul maître et dans la même salle d'un grand nombre d'enfants.

Des jeunes gens, munis d'une excellente culture intellectuelle, sortaient de cette modeste école de campagne, avec un idéal et une méthode de travail ; ils ne tardaient pas à devenir d'excellents sujets.

Le curé de la paroisse, M. Georges, apprécia bien vite le jeune instituteur. Comme il avait une belle écriture, c'est lui qui tenait les registres paroissiaux, et on a conservé à Cheppy le souvenir de cet heureux temps où une harmonie parfaite régnait entre la religion et l'instruction publique [1].

---

1. Voici encore une anecdote assez intéressante qui se rapporte à l'époque où le père de M. Jules Didiot était instituteur dans cette commune :

M. le chanoine Didiot venait un jour, dans son village natal, de prononcer un magnifique sermon, l'un des derniers qu'il ait donnés en l'église de Cheppy. Après l'avoir entendu, un vieux chantre nommé Raulin, aujourd'hui décédé, à peine rentré à la sacristie à la suite de l'office, s'écria : « Oh ! Monsieur le chanoine, que vous parlez donc bien. C'est beaucoup mieux que quand je vous portais dans mes bras, car alors vous ne saviez que crier et pleurer.

— Comment cela, s'écria M. Didiot, expliquez-moi donc cette énigme.

— Eh bien ! répondit Richard Raulin, lorsque j'étais élève de M. votre père, vous aviez alors six mois ; une des récompenses ambitionnées par les bons élèves était de vous recevoir dans leurs bras pendant la récréation et de vous promener au grand air dans la rue de l'école, et cela m'est arrivé souvent parce que j'étais studieux et appliqué.

— Je vous en remercie, répondit le chanoine Didiot, vous avez alors contribué à me rendre fort comme je suis.

— Oui, répondit Raulin, mais je ne pourrais plus accepter la même mission, car vous êtes devenu bien plus grand et bien plus lourd; ce serait au-dessus de mes forces. (*Cette réflexion inattendue ne manqua pas d'exciter le rire des assistants.*)

En 1842, le maire de Souilly, à la suite de multiples démarches, obtint M. Alexandre Didiot comme instituteur de sa commune. Ce fut avec peine que ce dernier quitta Cheppy : « Mon changement, disait-il, ne contrarie pas peu les habitants de Cheppy ; de mon côté, je les quitte avec des regrets bien sincères. » — C'est à Souilly que Jules Didiot passa toute sa jeunesse.

En ce poste de choix, le distingué instituteur mérita et obtint successivement des lettres de félicitations de l'Académie, et des médailles de bronze et d'argent, distinctions et récompenses en usage à cette époque.

Dans ce sanctuaire familial, Jules Didiot reçut d'un père et d'une mère foncièrement chrétiens et pleins de sollicitude pour lui, ces germes de vertu et cet amour de Dieu et de l'Église, qui devaient faire de lui un jour la gloire du diocèse de Verdun.

Mme Didiot aimait à raconter qu'on se plaisait à demander à Jules, lorsqu'il commençait à comprendre ce qu'on lui disait : « Où est le petit abbé ? », et qu'il répondait avec une gravité étonnante, en saisissant une mèche de ses cheveux à la racine et en la suivant jusqu'à l'extrémité : « Le valà. »

En 1847, Jules Didiot eut la douleur de perdre une sœur aimée, Odile, dont la santé délicate avait toujours inspiré les plus grandes inquiétudes. « Le 25 juin 1847, écrivait-il plus tard dans son cahier de notes intimes, mourut, âgée de six ans seulement, ma sœur Odile, que j'ai toujours regardée comme mon second ange gardien, et que j'invoque souvent dans mes difficultés. Ce fut vraiment une apparition céleste de grâce, de piété, de beauté dans ma famille. Sa mort fut ma première grande douleur. C'est elle, si je ne me trompe, qui m'apprit à lire.

» Avec quelle émotion j'ai revu, mercredi, les boucles de ses cheveux et le dernier jouet que tinrent ses mains défaillantes, il y a déjà trente-deux ans. Je la revois encore souriant à ses frères du Paradis, et je me vois moi-même avec mon cœur d'enfant accablé d'une tristesse que j'ai tant connue depuis, toujours la même et me déchirant, me brisant, me rattachant toutefois à Notre-Seigneur... »

On comprend que le fils d'un instituteur tel que M. Didiot, doué d'ailleurs d'aptitudes exceptionnelles, élevé et instruit par lui, dut être un brillant sujet. L'enfant n'avait guère de rapports avec les élèves de l'école ; il était cultivé à part, frayant peu avec ceux de son âge, parmi lesquels, il faut le dire, il avait une autorité incontestable.

Tout jeune, il aimait les arts, se plaisait à déchiffrer les vieilles inscriptions, à remettre en lumière ce qui était oublié parmi les objets de prix. C'est ainsi qu'il attira l'attention, à Souilly, sur un magnifique reliquaire en forme de croix, qui était relégué au fond d'une armoire dans la sacristie. Un livre de l'abbé Sagette qu'il lut, tout enfant, le lança dans cette voie.

« Ce qu'il y avait de remarquable en lui, dit l'un de ses amis d'enfance, c'est le talent qu'il avait à s'assimiler tout ce qu'il lisait. Il en saisissait les idées, en meublait son esprit, casant toutes choses en sa tête d'une façon si ordonnée, que tout lui restait et que par suite d'un singulier travail d'adaptation ce qu'il tirait du dehors devenait sien. »

Le presbytère de Souilly, avec son vaste jardin et sa belle charmille, était le théâtre habituel de ses ébats. Il y prenait ses récréations sous l'œil paternel du vénérable doyen, M. Dumoulin, qui, ayant deviné dans l'enfant du catéchisme, une âme d'élite, favorisait sa vocation naissante en lui enseignant les premiers éléments du latin.

A cette époque de sa vie, le jeune Didiot reçut une de ces leçons que Dieu charge parfois les mourants de donner aux vivants :

« De mon enfance, écrivait-il plus tard, je me rappelle l'invitation qu'on me fit d'assister à l'administration du Saint Viatique à un vieillard naguère encore des plus impies et des plus redoutés. Il avait pris part aux fureurs révolutionnaires de 1793 ; et l'on racontait que d'un coup de hache il avait brisé le bras droit du grand crucifix placé à l'entrée du chœur, à l'arc triomphal, d'une petite église du voisinage. Et il mourait précisément d'une gangrène au bras droit ; et quand son vieux curé, fort embarrassé d'aborder un si terrible paroissien, était entré dans sa petite et sombre maison que je vois encore, là, dans un angle de la rue, le moribond avait confessé tout à coup et tout haut l'indignité de sa vie, avec la sincérité de son repentir. Et bientôt ensuite il convoquait les bonnes gens de son quartier autour de son lit, afin de se rétracter aussi solennellement que possible ; et c'est au milieu de cette foule, que je vis le Saint Sacrement apporté à ce grand pénitent. Ce fut de la main gauche qu'il dut faire son signe de croix, et saluer l'arrivée de Celui dont il avait insulté l'image soixante ans auparavant. Les pleurs des fidèles répondaient aux siens, et leurs sanglots à ses paroles de foi et d'humilité. Je sus ce jour-là, et pour ne plus l'oublier, ce que peut la grâce divine, et ce qu'on peut toujours espérer d'elle en faveur des plus misérables pécheurs. »

Après sa première communion [1], qu'il fit avec une ferveur tout angélique, Jules Didiot fut admis, au mois d'octobre 1853, à suivre les cours du petit séminaire de Verdun : il entra dans la classe de troisième, où il s'éleva bientôt au premier rang. Ses talents et son application le maintinrent constamment à cette place, malgré de redoutables concurrents. Il était alors de petite taille, et paraissait d'assez faible santé. Il allait rentrer à Souilly chargé de couronnes, lorsqu'un grand malheur vint fondre sur lui et compromettre son avenir.

Le 4 août 1854, il perdit en effet son excellent père, emporté par l'épidémie de choléra, et il en ressentit le plus grand chagrin. Mme Didiot restait ainsi avec deux jeunes enfants, ce qui ne laissait pas d'être une très lourde charge. Aussi s'occupa-t-on tout de suite de lui procurer une situation qui lui permît d'élever plus facilement sa petite famille. Mgr Didiot, évêque de Bayeux, et d'autres personnes influentes s'employèrent en sa faveur. Mais leurs généreuses démarches se heurtèrent contre un obstacle imprévu, insurmontable, devant ce cri du cœur : « Comment abandonner le cher défunt ! » Elle exprimait ainsi sa crainte de se voir éloignée à jamais de la tombe de son époux et de sa regrettée Odile. Mme Didiot conserva donc sa résidence à Souilly dans une modeste maison, où elle demeurait avec la petite Alix, tandis que Jules poursuivait le cours de ses études.

L'année suivante, le jeune Didiot entrait en seconde où il se distinguait encore par son travail et par ses succès. Les vacances se passèrent à lire les beaux livres de prix, à faire quelques devoirs, et

---

1. Faisant allusion à ce grand événement de sa vie, M. le chanoine J. Didiot écrivait longtemps après : « J'ai fait ma première communion le 14 mars 1852, trop tard ! Nos habitudes françaises privent les enfants de bien des grâces et N.-S. de bien des adorations ferventes et angéliques. A Rome j'eusse communié dès 1848 ou 1849. A cet âge là, j'étais, je crois, plus *chrétien* et plus *mystique*. »

aussi en d'agréables promenades, le long de la pittoresque vallée de la Meuse. — Benoîte-Vaux surtout l'attirait.

Alors comme aujourd'hui ce délicieux vallon, où la mère de Dieu manifeste sa souveraine bonté, voyait se dérouler en incessantes théories la foule considérable des pèlerins. Beaucoup arrivaient dès l'aurore et toute la matinée se passait à prier, à chanter, à faire ses dévotions devant la bonne Vierge.

Jules Didiot se rendait volontiers à ce sanctuaire privilégié avec quelques pieux condisciples, il y entendait la messe, s'agenouillait à la table sainte, allait se désaltérer à l'eau de la fontaine miraculeuse, puis courait dans le bois, où l'ombre était si fraîche, les oiseaux si nombreux et si gais ! Parfois aussi il rendait visite aux bons religieux qui lui avaient appris les premières syllabes de la langue de saint Jean Chrysostome.

Après son année de rhétorique, son professeur, qui l'affectionnait particulièrement, le jugeant trop jeune pour entrer au grand séminaire, le décida à rester encore avec lui. Dans la suite, l'abbé Didiot regretta sincèrement cette concession, qui lui avait fait perdre une année entière qu'il eût pu employer plus utilement ailleurs.

Il eut à lutter contre des concurrents nouveaux et non moins redoutables. On peut citer parmi eux Mgr Enard, mort archevêque d'Auch, et M. l'abbé Guillaume, très honorablement connu dans le diocèse de Verdun. Avec de tels émules, Jules Didiot sut se maintenir au premier rang.

Un de ses condisciples qui fut toujours depuis son intime ami, nous fait à son sujet le récit suivant : « Je puis attester que dès cette époque Jules attirait à lui de nombreuses sympathies par son extérieur charmant de jeunesse, son caractère franc et enjoué, sa piété sincère sans affectation, son ardeur égale au jeu et à l'étude. Nous étions alors par la taille les deux plus petits du séminaire. C'est peut-être cette circonstance qui nous a rapprochés au début. »

CHAPITRE II

LES ÉTUDES AU GRAND SÉMINAIRE DE VERDUN.

Les humanités terminées, Jules Didiot entra au grand séminaire de Verdun en octobre 1857 et y suivit les cours de philosophie. Tout de suite, il se passionna pour cette science, qui lui ouvrait de plus larges horizons, et se distingua par de brillants succès.

L'année suivante, il étudia la théologie dogmatique sous la direction de M. l'abbé Thomas. Il eut la joie de recevoir la tonsure le 29 mai 1858, et les ordres mineurs le 18 juin 1859.

Ce que l'on remarqua tout d'abord en lui et ce qui lui valut l'affection de ses maîtres, c'était sa constante et parfaite régularité. On admirait ce séminariste, aussi pieux que studieux, qui joignait à la plus belle intelligence une grande maturité de caractère.

Son supérieur lui témoignait un vif intérêt, ayant même les attentions les plus délicates pour la santé de son jeune protégé. C'est ainsi qu'à certains jours il le dispensait des promenades désagréables, et — chose rare dans un séminaire — il autorisait alors quelques amis à lui tenir compagnie dans sa modeste cellule.

Durant les récréations, on aimait à se trouver avec l'abbé Didiot et, il faut bien le dire, on jalousait un peu les privilégiés qui jouissaient de cette faveur. Un de ceux qui eurent l'occasion de se lier alors avec lui, rendait de lui ce témoignage : « Didiot est le premier élève du séminaire pour les études, et pour le reste; je considérerai toujours comme une des bénédictions de ma vie d'avoir été en rapports intimes avec lui. Je l'ai étudié de près : je n'ai jamais trouvé une intelligence si vive, un cœur si bon, une âme si ouverte, un jugement si droit, une telle rapidité d'invention et d'exécution.

» Je suis persuadé que plus tard notre diocèse se trouvera heureux de posséder un homme de sa trempe. »

Déjà, il excellait en tout : philosophie, prédication, beaux-arts, musique. Mais la théologie surtout l'attirait avec ses conceptions magnifiques et ses sublimes mystères. Sa félicité était complète, quand la Providence lui envoya une nouvelle et cruelle épreuve.

Le 18 juillet 1860, peu de jours avant l'ouverture des vacances qu'il devait passer à Souilly, la mort lui ravit son excellente mère. Il en ressentit la plus vive tristesse; il se déclarait découragé, abattu, incapable d'aucun travail [1].

Il terminait en ces termes une lettre qu'il adressait à un ami, pour l'inviter au service funèbre qui devait avoir lieu le lendemain : « Priez pour moi qui suis bien triste; la nature ne dit pas volontiers : *pater meus et mater mea dereliquerunt me.* Et mon cœur moins que tout autre ne peut s'habituer à ces paroles. »

Orphelin de père et de mère, n'ayant plus de parents sur la terre que sa jeune sœur Alix, l'abbé Didiot allait se donner sans réserve à l'Église.

« Depuis la mort de maman, écrivait-il quelques jours après, je sens croître en moi mon amour et mon dévouement pour l'Église romaine. L'affection que j'avais pour ma famille charnelle passe tout entière à la vraie famille spirituelle que nous avons choisie : le pape et Rome. »

Et dès lors il s'efforcera de réaliser sa fière devise : *Sanctam romanam Ecclesiam promovere.*

Sanctam romanam Ecclesiam promovere ! Travaillons de toutes nos forces à l'exaltation de l'Église romaine.

Par quels moyens ? L'abbé Didiot va nous le dire. Tout d'abord imposons le respect par la dignité de notre vie, par la ferveur indiscutable de notre foi, par l'honnêteté reconnue de notre sacerdoce.

Est-ce tout ? Non pas. Ce qui a fait la gloire de l'Église dans les siècles passés, ce sont les travaux incomparables de ses docteurs. Il faut suivre ces glorieux exemples. Disons-nous bien qu'elle reprendra le premier rang dans la société, quand ses prêtres, vertueux et savants, prendront la tête du mouvement philosophique, scientifique, littéraire, artistique.

1. « Je suis abattu, découragé... on le serait à moins. Nous avons tout vendu samedi dernier, jour anniversaire de la mort de mon cher papa... Lisez Job ou Jérémie; vous rencontrerez mes larmes, mes pleurs; non, pas des pleurs : je ne pleure pas. Je fais pis : je m'affaisse. »

C'est à cette généreuse entreprise qu'il veut se consacrer, et que dans son enthousiasme, il convie ses amis du grand séminaire de Verdun : « Si nous parvenons à nous constituer en société permanente, écrivait-il à un ami, vous aurez soin de nous dessiner un magnifique *sigillum*. Nous prendrons pour armoiries notre chère croix de Lorraine, et nous mettrons en tête de nos statuts : *il n'y a que les honteux qui perdent*.

» Quant à vous, mon cher ami, au nom de la très sainte Église romaine, travaillez *juxta gratiam tibi datam* à vous instruire dans les sciences ecclésiastiques, dans la théologie, dans le droit canon, dans l'exégèse. Ne perdez pas un instant ! Force et courage, espérance et audace !

» Pour moi, je suis décidé à remuer pour le service de la sainte Église tout ce que je pourrai ébranler de la masse infâme du siècle. Vous me seconderez toujours et je ne vous abandonnerai pas. »

Dans une autre lettre, il disait encore : « Je travaille avec courage... Je sais assez d'hébreu pour traduire un chapitre de la *Genèse* en trois quarts d'heure. J'ai quitté depuis quelques jours le droit canon pour étudier à la hâte des œuvres qui m'intriguaient dès longtemps : les œuvres des Pères apostoliques. »

Et il terminait en ces termes : « J'augure bien de l'avenir et du succès de notre devise ; je crois que nous la réaliserons dans toute la mesure de nos talents et de nos forces. La Providence nous y façonne en nous créant de toutes parts de précieuses relations. Tout nous favorise : courage et audace ! »

Un événement inattendu — la nouvelle que la petite armée du pape venait d'être écrasée à Castelfidardo — faisait en ce moment saigner son cœur. Voici ce qu'écrivait au sujet de ce désastre l'abbé Didiot :

« Si vous saviez comme j'ai pleuré, en apprenant la défaite de Lamoricière et du noble Pimodan ! Je me suis trouvé plus catholique à cette heure-là que je ne l'aurais imaginé !

» Le pape est vaincu : l'Europe ne tardera pas à ressentir les conséquences de cette défaite. Les flots de la colère de Dieu s'élancent des quatre points de la terre : tout s'en va à l'eau ! Mais la barque du pêcheur ne sombrera pas, et réfugiés en elle : *non timebimus dum turbabitur terra et transferentur montes in cor maris*. Avec elle, nous participons de l'éternité de Dieu, et tandis que les rois les plus habiles sont aujourd'hui incertains de l'aurore de demain, nous savons nous autres notre avenir, et nous lisons dans le passé que le troisième jour nous ressusciterons, et comme les Anges à Madeleine : l'Église n'est plus là sous la pierre, dirons-nous, elle s'est relevée de son tombeau, parce que, Seigneur, vous ne permettrez pas que votre sainte Église voie la corruption. »

Peu de jours après, avait lieu pour lui une de ces rencontres qui décident d'une existence. Un jeune prêtre verdunois, l'abbé Frizon, revenait de Rome avec le bonnet et l'anneau de docteur, et il eut à Commercy, avec l'abbé Didiot, un intéressant entretien. « Quel plaisir, écrivait celui-ci à son ami l'abbé Sauvage, de parler ensemble, et sans contrainte, de Rome et du souverain pontife ; des ordres que Sa Sainteté donna à l'abbé Frizon sur son futur enseignement philosophique, lui recommandant de suivre la philosophie romaine: « *é vera, sana, sicura, questa filosophia!* » Mon cher, encore une fois, nous triomphons. » Dès lors, l'abbé Didiot n'a plus qu'un désir : celui de faire lui aussi des études supérieures de théologie dans une grande Université. Dieu, en brisant son cœur et ses liens de famille, ne lui avait-il pas procuré, au prix d'un douloureux sacrifice, la liberté dont il avait besoin pour suivre la carrière qu'il allait maintenant si dignement remplir ?

Dès qu'il fut rentré au grand séminaire, l'abbé Didiot dut employer ses loisirs à la correction de trois éditions du missel ; c'était une besogne ingrate qui ne lui plaisait guère, car elle lui ravissait le temps qu'il désirait consacrer à la glorification de l'Église romaine. « La condition qu'on m'a faite cette année, écrivait-il alors, est très antipathique à nos travaux. Correcteur de livres ! Oui, je dois être soutenu pour ne pas m'affaisser, et je comprends clairement que l'esprit d'association est indispensable à une œuvre sérieuse. Permettez-moi de m'appuyer sur vous ; que votre chambre, vos travaux, votre constance soient d'un bénédictin et vous me donnerez la vie. »

Il trouvait en ce moment une occupation plus digne de lui dans l'étude qu'il entreprenait du vieux cloître de Verdun [1]. Ce cloître, avec

1. « Le cloître est le sanctuaire de l'étude et de la méditation, et quelquefois, comme à Verdun, le sanctuaire de la mort. L'écrivain, l'enlumineur, le théologien, le philosophe, y ont chacun leur pupitre : là on médite et on prie, on ne traverse pas seulement le cloître, on y demeure ainsi que le témoignent les somptueux

ses dix-neuf arcades en style flamboyant du XVe siècle, où les jeunes clercs prenaient leurs récréations, avait depuis longtemps attiré son attention ; il avait même écrit à son sujet une admirable page qui, par la manière, semble rappeler Lamennais [1].

vitraux dont on avait, en général, le soin de garnir les arcades, durant les rigueurs de l'hiver... A Verdun, d'après la règle généralement observée, le cloître tient à la cathédrale dont il longe le flanc méridional, parce que, suivant le symbolisme chrétien, la chaleur et la lumière qui s'y concentrent parlent au cœur des ardeurs de la grâce et du feu de l'amour divin. » — *Le cloître de la cathédrale de Verdun*, par Jules Didiot.

1. Voir à la fin du présent volume, appendice 1.

CHAPITRE III

LE SÉJOUR A ROME. — LES ÉTUDES DE THÉOLOGIE AU COLLÈGE ROMAIN.

En octobre 1861, l'abbé Didiot fut informé qu'il était envoyé à Rome par l'évêque de Verdun, Mgr Rossat, pour y compléter ses études de théologie. Après un voyage assez mouvementé — le navire qui le portait ayant été assailli en mer par une véritable tempête — il fit son entrée dans cette ville le *six* novembre.

« Que le premier moment où j'arrivai dans cette cité sainte et chérie, écrivait-il alors, fut heureux pour moi ! Des émotions semblables ne se peuvent raconter. C'étaient toutes mes espérances, mon rêve le plus cher absolument accomplis ; c'étaient tous les obstacles surmontés, un triomphe complet, une vie nouvelle d'études, et de quelles études !

» A sept heures, j'entrais au Séminaire français, *via di Santa Chiara*. J'y ai été reçu avec une affection, et une cordialité qu'on ne peut surpasser. Enfin j'y suis parfaitement heureux, et j'espère bien que mon séjour à Rome me deviendra chaque jour plus agréable.

» Ici, le régime est tout paternel ; les directeurs de la maison sont à notre égard d'une simplicité et d'une confiance charmantes. On respire à l'aise ; nous avons, non des maîtres, mais une famille qui s'efforce de nous adoucir ce qu'il y a de pénible dans l'éloignement de son pays.

» La journée est bien et solidement remplie : le lever est fixé à cinq heures et demie. Après la prière et la messe on déjeune. A huit heures, classe de droit à l'Université de l'Apollinaire, éloignée du Séminaire français de cinq minutes. A neuf heures, classe de théologie au Collège romain, distant de l'Apollinaire d'un quart de lieue à peu près. Ensuite retour au séminaire. Le dîner a lieu à midi et demi. Il est suivi d'une récréation, et d'une étude préparatoire à la classe de théologie de trois heures au Collège romain, puis promenade d'une heure et demie à travers Rome, suivant les goûts de chacun. Le soir, à sept heures, conférence de théologie dans le séminaire même, souper à huit heures et coucher à neuf heures et demie.

» Ma première visite dans Rome, ajoute l'abbé Didiot, devait naturellement s'adresser au prince de la ville et de l'Église, au glorieux saint Pierre. J'allai donc visiter sa noble et célèbre église, celle où il repose au milieu d'une magnifique auréole de lampes toujours ardentes. J'en suis revenu véritablement stupéfait par la grandeur et l'incroyable richesse de ce fameux monument. On ne saurait rien voir de si sublime, et en considérant ces merveilles inouïes, on demeure comme écrasé.

» Je revins à notre séminaire par l'église Saint-Louis des Français, un véritable bijou d'orfèvrerie, et par Notre-Dame des Martyrs, qui fut autrefois un temple païen, bâti par l'empereur romain Agrippa, en l'honneur de tous les dieux, d'où son nom de *Panthéon*.

» Tout récemment, je visitai la basilique patriarcale de Saint-Jean de Latran. La tête de saint Pierre et celle de saint Paul y étaient solennellement exposées ; on y chantait les vêpres avec une pompe dont nos plus beaux offices de France n'approchent pas : il y avait là une musique des mieux fournies, et un luxe étonnant de décorations. C'était l'anniversaire de la consécration de cette église, qui, pour ses privilèges, est la première du monde catholique. Je revins par le fameux Colisée, cet amphithéâtre de granit où périrent des millions de chrétiens pendant les trois premiers siècles de notre ère. »

C'est de bon cœur que l'abbé Didiot récita son *Credo* au pied de la Croix qui occupe le centre du Colisée. « En effet, dit-il, un des plus grands avantages du séjour de Rome est de se fortifier dans la foi et l'amour envers la religion catholique : on touche pour ainsi dire les preuves de sa divinité, et on ne peut s'empêcher de s'écrier : Oui, vraiment, Jésus-Christ est avec l'Église romaine. »

L'abbé Didiot parle ensuite des fêtes magnifiques auxquelles il a assisté, et qui ont, pour ainsi dire, inauguré son séjour à Rome.

« J'ai vu hier, écrit-il, la béatification du bienheureux Jean-Léonard, prêtre de Lucques. Elle a eu lieu le matin, à dix heures. Le collège des cardinaux, les divers ordres de chanoines de Saint-

Pierre, les députés des maisons religieuses, les avocats de la cause de la béatification, tous réunis dans le chœur de Saint-Pierre, on a lu le décret du Souverain Pontife ; puis le rideau qui voilait l'image tomba, au milieu des flots de lumière, et le canon du fort Saint-Ange invita les Romains à venir honorer le nouveau bienheureux. Une foule incroyable a continuellement rempli Saint-Pierre dans cette journée, surtout à quatre heures, quand le Souverain Pontife lui-même, entouré de tous les cardinaux, de ses camériers, et de sa garde noble, est venu vénérer les reliques du bienheureux. J'étais à deux pas du Souverain Pontife, quand il a traversé la grande nef, et j'ai pu de près contempler sa belle et noble figure. Prochainement, nous irons tous en corps offrir nos hommages au Saint-Père ; ce sera pour moi une bien grande joie ! »

L'abbé Didiot ne pouvant, dans ses lettres, décrire en détail toutes les visites qu'il a faites aux monuments de Rome, toutes les courses poétiques exécutées à travers champs, toutes les impressions qu'il a ressenties, a écrit tout cela sur un cahier de notes intimes qui a été précieusement conservé, et dont nous aurons souvent à faire des extraits. Nous y prenons, au hasard, en attendant, le récit suivant qui ne manque pas d'intérêt :

« Au-dessus de Rome, au levant, s'élève une colline, occupée par le couvent et les jardins des religieux de la Passion. Nous allâmes y jouir du spectacle de Rome et de ses ruines le dimanche 17 novembre. Mais ce n'était pas cet horizon ravissant qui nous intéressait le plus : dans les flancs de cette colline, les anciens Romains ont creusé de vastes galeries, toutes sombres et toutes profondes, où l'on renfermait les tigres, les lions, les hyènes qui devaient servir aux spectacles du Colisée. Un corridor, aujourd'hui comblé, conduisait de ce *vivarium* au Colisée. Là, une multitude de chrétiens attendait, auprès des bêtes féroces, et dans des antres conservés, le jour où ils iraient expirer dans le cirque. Là, le pape Marcel dut garder les lions pendant deux années entières, et leur jeter la nourriture par des trous énormes qui font communiquer ensemble les divers étages du *vivarium*. Quand, précédés de notre guide et éclairés par la lumière singulière de sa torche, nous descendîmes dans ce gouffre, je compris ce mot de saint Jérôme, quand il était, comme moi, étudiant à Rome : « *On croit descendre vivant dans les enfers.* » Il nous semblait encore entendre rugir les tigres qui ont dévoré les premiers chrétiens, nos pères, et à ces cris horribles, nous avons mieux compris que jamais que la religion des martyrs est la vraie et seule religion, hors de laquelle il n'y a point de salut.

» A ce sanctuaire du *vivarium*, je dois joindre celui des catacombes. On en parle beaucoup, on s'en fait une haute idée, eh bien! on reste encore au-dessous de la vérité. Oh ! catacombes de sainte Agnès, je ne vous oublierai jamais.

» Quand, armés de lumières, nous commençâmes à descendre le premier escalier, il nous sembla que les martyrs d'autrefois, et sainte Agnès surtout, nous prenaient sous leur protection, et qu'ils nous dirigeaient dans ces corridors innombrables, superposés jusqu'à six et sept étages. Le long de ces couloirs sont disposés les corps des chrétiens et des martyrs.

» Les catacombes servaient aussi de lieux de réunion pour les fidèles : on y retrouve des chapelles, une basilique assez vaste, et là des autels, des confessionnaux, des sièges, des peintures que quinze cents années n'ont pas détruits. Avec quelle joie nous avons chanté les prières de l'Église dans ces églises primitives, et mêlé nos voix, pour ainsi dire, aux voix des martyrs... Que nous avons prié avec ferveur devant ces images de la sainte Vierge, peintes au IIe et au IIIe siècle. La foi se fortifie plus qu'on ne peut dire, dans cette Rome mille fois bénie, et qu'on n'a pas encore assez bénie ou louée.

» Un autre jour, nous allâmes visiter la célèbre église de Saint-Paul-Hors-des-Murs, à une grande lieue de Rome, Nulle part au monde le marbre n'est prodigué comme en cet endroit. C'est un luxe inouï des marbres les plus rares et les plus variés. Réellement, on reste en extase devant tant de magnificences.

» A deux milles plus loin s'élève Saint-Paul-Trois-Fontaines. Là fut martyrisé l'apôtre des nations. La colonne où il fut attaché subsiste encore, et quand sa tête se détacha de son corps, elle fit miraculeusement trois bonds, à chacun desquels jaillit une fontaine. Ces trois fontaines coulent encore dans l'église des martyrs. J'ai bu, dit l'abbé Didiot, de cette eau miraculeuse, et je puis rapporter moi-même un fait constaté par tous les voyageurs de Rome. La première de ces trois fontaines donne une eau qui a presque la douceur et la saveur du lait, les deux autres, qui ne sont séparées de la première que d'un mètre et demi, offrent une eau toute différente. Voici comment la tradition, et elle est appuyée sur de graves autorités, explique cette particularité: quand la tête de saint Paul tomba pour la première fois à terre, ce ne fut pas du sang, mais du lait qui en jaillit et couvrit le vêtement du bourreau, ce dont la vue le convertit. C'est seulement en bondissant jusqu'à la seconde fontaine que la tête sacrée de l'apôtre commença à répandre du sang. Dieu voulait montrer par là la suavité de l'enseignement de saint Paul qui a nourri de sa parole l'Église primitive de Jésus-Christ, et qui disait lui-même en écrivant aux nouveaux chrétiens : Je vous ai donné le lait de la parole, comme aux petits enfants.

» On parle dans *Fabiola* de cette ténébreuse et horrible prison mamertine, où saint Pierre et saint Paul furent captifs pendant dix mois. J'y suis descendu un de ces jours derniers. Que ces énormes blocs de granit, que ces rocs affreux, que cette ouverture à la voûte par où furent précipités les apôtres, que cette obscurité et ce silence solennel sont émouvants ! Appuyé contre un autel qu'on a construit dans cette prison, je réfléchissais à cette captivité des deux chefs de l'Église catholique ; je les voyais enchaînés à ce rocher où se sont portés leurs fronts sacrés... J'entendais saint Paul annonçant aux autres prisonniers la parole de l'Évangile, je voyais saint Pierre baptisant tous ces néophytes de l'eau qui jaillit à son commandement dans le rocher, source qui n'a pas encore tari, et où j'ai pu moi-même me désaltérer. J'entendais encore les adieux des apôtres aux chrétiens, quand ils se séparèrent pour le martyre, et toutes ces pensées me consolaient, m'agrandissaient l'âme et me retrempaient pour ainsi dire dans le courage de nos pères et dans leur sang.

» Je n'en finirais pas, si je voulais décrire, soit cette fameuse voie Appienne, toute peuplée de tombeaux des anciens Romains, soit ce couvent de Sainte-Sabine, où j'ai assisté hier au service funèbre célébré par les Dominicains pour le R. P. Lacordaire. J'ai été content de pouvoir prier là pour notre éminent orateur et compatriote.

» Je travaille toujours de toutes mes forces, et non sans quelque bon résultat. J'espère mériter la faveur dont Mgr de Verdun a bien voulu m'honorer. Notre cours de théologie ici est professé par le R. P. Cardella, le plus célèbre orateur d'Italie en ce moment, et par un professeur d'un mérite transcendant, le R. P. Franzelin, Allemand de naissance et d'érudition, mais Romain d'éducation et de doctrine. Quelles délices d'entendre et de suivre l'argumentation de ce savant hors ligne. »

Du 3 au 15 décembre, la vie de l'abbé Didiot fut très calme, toute solitaire, et consacrée presque exclusivement à l'étude. Aussi peu de visites, peu d'émotions. Il nous apprend pourtant que le 8 il a assisté à la fête de l'Immaculée-Conception, fête à laquelle la présence du Souverain Pontife, et le cortège des cardinaux donnèrent une solennité toute particulière. Le 20 il visita l'église de Saint-Grégoire au mont Cœlius, toute pleine encore de son cher souvenir. « C'était, dit-il, la maison de sainte Silvia, mère de Grégoire le Grand. Là est le lit en pierre où il a reposé ; là est la chaire de marbre, d'où il a enseigné, là se trouve l'autel orné d'un gradin de délicieuses peintures, l'autel où il dit pendant trente jours la messe pour délivrer l'âme d'un de ses religieux et l'envoyer du purgatoire à la gloire du Paradis. Là se trouve cette douce Madone qui lui parla. De ce portique, Grégoire vint sur la place qui s'étend à ses pieds. C'est là qu'il remarqua parmi les esclaves trois beaux jeunes gens, et qu'il s'enquit de leur pays. De là avec Augustin sortit le salut de l'Angleterre. »

Le jour de Noël, à l'aube, les élèves du séminaire français se rendirent à l'église Sainte-Marie-Majeure pour y faire leurs dévotions auprès de la crèche. « Une partie de ce précieux trésor, dit l'abbé Didiot, est encastrée dans un autel ; le reste, c'est-à-dire des planches détachées, sont renfermées dans un reliquaire d'argent, orné d'un relief de beau travail qui représente la nativité de N.-S. Un peu du foin où reposa le Christ est aussi renfermé dans ce reliquaire. » Et il ajoute : « Dans la matinée, j'assistai à la messe papale, à Saint-Pierre. J'étais merveilleusement placé pour en suivre les détails. Le corps diplomatique, l'état-major français ayant pris place, les voici oubliés pour Pie IX seul, bénissant, couronné de la tiare, et abaissant son regard d'indéfinissable tendresse mêlée de douleur, sur nous, sur Rome, sur le monde. La terre n'offre pas un spectacle si grand, parce qu'elle n'offre pas un spectacle si surnaturel. Le pape, c'est la *présence réelle* de N.-S. J.-C. »

Le 1er janvier 1862, l'abbé Didiot alla prier sur le marbre qui recouvre la confession de saint Pierre, demandant au grand apôtre de bénir ses chères études : « Sur ce marbre, dit-il, doux comme la poitrine d'un ami, j'ai reposé mon front fatigué du tourbillon et de l'inquiétude de ce monde, j'ai consacré à saint Pierre mon énergie, mes affections, mes espérances et mes talents. Tout est à lui, pour la défense et l'honneur de la sainte Église ; puis j'ai prononcé mon serment de fidélité à son pouvoir et à ses ordres, je lui ai promis obéissance jusque dans les plus terribles dangers... j'ai prié pour notre bien-aimé Pie IX, pour l'Église, pour mes amis que j'ai dévoués à saint Pierre. Je me suis incliné, et j'ai contemplé cette pierre sur qui repose ma foi, mon Église ; je l'ai vue dans toute sa forte majesté, entourée des anges et des vingt-quatre papes martyrs... La chaire de saint Pierre m'a paru plus grande et plus sublime que jamais ; j'ai renouvelé mon acte de foi en tout ce qui est enseigné par elle.

» Des chants merveilleux partaient de la chapelle capitulaire, et semblaient un chœur lointain, célébrant les louanges de Pierre ; le cœur en était ému... et l'esprit transporté par delà ce monde matériel. »

L'abbé Didiot avait un de ces cœurs d'élite auxquels Dieu communique, pour ainsi dire sans mesure, tous les trésors de sa bonté [1]. Il avait pour les siens un respect, un dévouement et une piété des plus remarquables. Sa sœur Alix était tout particulièrement l'objet de sa plus vive tendresse. Voici ce qu'il lui écrivait le 29 mars à l'occasion de sa première communion :

---

1. On peut en juger encore par ces lignes émues, adressées à M. l'abbé Sauvage, quelques jours après la mort de l'abbé Langlois, ce prêtre de Verdun, qui avait résolu lui aussi de consacrer toute sa vie à réaliser avec ses amis la belle devise : *Sanctam Romanam ecclesiam promovere !*

« Que vous dirai-je de notre Albert Langlois que vous n'ayez déjà lu dans mon âme ? Sa mort a été un coup qui m'a frappé de stupeur : mais depuis j'y ai plus mûrement pensé et je tiens que ce coup terrible a son caractère miséricordieux. Nous voyons le passé, nous savons le présent : mais l'avenir ? Or Dieu l'envisage d'un regard infiniment clair et paternel et il frappe !...

» Albert eût combattu, lutté, prié, pleuré avec nous. Or, mon cher ami, il faut nous charger de sa tâche, et faire à deux ce que nous aurions fait à trois.

» Quand vous vous agenouillerez sur sa tombe songez à moi, recommandez-moi à lui ; et alors vous lirez sur ce marbre funèbre, au-dessous du monogramme du Christ glorieux, et de l'alpha-omega, vous lirez ce que mon cœur m'a dicté pour lui... »

« Ma très chère Alix,

» Ta dernière lettre m'apprend une excellente nouvelle, ta première communion toute prochaine. Je t'en félicite bien sincèrement et je t'engage à développer grandement dans ton cœur cet esprit de foi et de piété, avec lequel tu t'es déjà préparée à ce beau jour... Sois plus sage, meilleure encore ; aime davantage ceux à qui tu dois tout, et puis, ma chère Alix, quand tu recevras dans ton âme ce Dieu qui s'appelle lui-même le *Père des orphelins*, prie-le de t'accorder toujours sa protection efficace, prie-le pour notre père, pour notre mère qui sont aux cieux ! Demande-lui pour nous tous de les rejoindre un jour, après avoir bien travaillé dans ce monde...

» Je vais songer souvent à toi, durant cette semaine, et je demanderai à d'excellentes religieuses, que je connais à Rome, de prier pour toi. Regarde-moi comme présent près de toi durant tous ces jours, surtout dimanche prochain, pendant la messe et la solennité du soir, où tu renouvelleras les promesses de ton baptême...

» Ma santé est excellente et s'habitue peu à peu aux chaleurs qui nous arrivent déjà. Quel climat vraiment délicieux que celui de Rome ! Je vois à mes pieds, dans une des cours de notre maison, de magnifiques orangers, de superbes limoniers, qui n'ont pas encore perdu leurs fruits de l'an passé ; rien n'est si beau que de voir ces fruits dorés dans un feuillage vert et vigoureux, à la fin du mois de mars. Aussi ne puis-je me résigner à dire que le printemps est venu, parce qu'en réalité, il ne s'est jamais éloigné de nous. »

Quand le grand jour fut venu, le 6 avril, l'abbé Didiot s'empressa de tracer, sur son cahier de notes intimes, d'une main tremblante d'émotion, les lignes suivantes :

« En ce moment, Alix, vêtue de blanc et d'innocence, voilée de blanc et de candeur, couronnée de fleurs, et la lumière de la foi et de la charité illuminant son front candide, Alix reçoit Notre-Seigneur pour la première fois !!!...

» Notre père, notre mère, notre sœur Odilia, s'inclinent du ciel vers elle, l'accompagnant de leur amour et de leurs prières : Oh ! ma douce Alix, sur tes lèvres et ton front m'apparaissent encore le dernier baiser de mon père, le dernier baiser de ta mère, et dans ton regard humide de larmes, je reconnais leur regard et le regard d'Odilia.

» Oui, je te vois, des yeux de mon âme, chère Alix, ne t'attriste pas de mon absence, je suis à ta droite ; je te présente moi aussi à Notre-Seigneur Jésus-Christ, et au saint prêtre qui dépose en ton cœur le corps de Notre-Seigneur, en te promettant la vie éternelle, je réponds : qu'il en soit ainsi !

» Douce et aimable Alix, pleure ! que tes larmes inondent ta figure céleste, pleure de joie et d'amour ; pleure au souvenir de ceux qui ne sont plus en ce monde, mais qui nous aiment toujours. Toutes ces larmes sont des semences du triomphe et de l'exaltation futurs : *Qui seminant in lacrymis in exultatione metent.*

» Je prie pour toi, je suis avec toi, réuni en ce Dieu Notre-Seigneur Jésus-Christ que tu possèdes et que tu tiens. Ah ! ne le quitte jamais ! qu'il soit à jamais le frère de ton cœur, et toi sa sœur immortelle ! Douce sœur, prie pour les chères âmes qui se sont éloignées de nous..., ou mieux prie-les pour nous ! car ma conviction intime m'assure qu'elles sont au sein de Dieu. Prie, douce Alix, pour moi ! Prie pour moi, qui t'aime ! Que dirai-je de plus ?

» Prie pour tes parents adoptifs [1] et toute la famille : *Retribuat illis Dominus* ; pour nos amis, surtout pour ce cher M. Dumoulin, doyen de Souilly : *Pater noster* !

» Prie ! une prière de reconnaissance ! Que te dirai-je que tu ne saches des miséricordes et des prodiges de Dieu pour toi et pour moi : *non fecit taliter omni nationi.*

» Et l'avenir... Notre-Seigneur, ma chère Alix, et sa sainte Église notre mère nous ont appris à ne point être soucieux du lendemain. Les miracles continueront leur cours, de la part de Dieu. De ta part que l'avenir soit tout entier comme ce moment solennel du soir : « Je renonce à Satan, au monde !... », et toujours, comme en cet instant, Dieu te répondra par son amour et ses joies.

» Et maintenant, chère Alix, cours aux pieds de la sainte Vierge qui t'a bénie et que tu sais aimer ! Dis-lui pour moi aussi que nous sommes ses enfants et qu'elle sera notre mère toujours. — Consécration à Marie.

» Alors viendra ce repas de famille, où ma place sera vide, mais où sera vivant mon *souvenir*. — Joies ! Joies ! Joies !

---

1. M. et Mme Mouton, oncle et tante de Jules et Alix. Dans une de ses lettres à a jeune sœur, l'abbé Didiot lui recommandait encore de prier pour eux : « Avec eux, ajoutait-il, tu n'es pas orpheline. Aime-les donc toujours. ».

» Et maintenant, te voici dans une seconde période de la vie chrétienne : tu en as reçu l'initiation par le corps et le sang de Notre-Seigneur Jésus-Christ. Mon espérance est ferme que ce corps et ce sang te garderont pure et sainte devant Dieu !... »

A la même époque, le jeune théologien recevait une nouvelle qui le comblait de bonheur : sa nomination de membre correspondant de la Société philomathique de Verdun. « J'ai tressailli de joie, écrivait-il alors à son ami, M. l'abbé Sauvage, en apprenant votre nomination et la mienne au titre de correspondant de la Société philomatique de Verdun. Le R. P. supérieur vient de m'en féliciter très cordialement. L'avenir s'ouvre donc largement à nos efforts et, j'ose le dire, à nos succès. Noblesse oblige ; mettons en action notre chère devise : *Sanctam Romanam ecclesiam promovere ;* travaillons à remplir nos engagements, vous de votre côté, moi du mien.

» Je compte publier dans un an ou deux la traduction française de quelques ouvrages philosophiques ; et puis, à mon retour à Verdun, je vous promets une histoire populaire des saints du diocèse ; suivront des études scientifiques sur l'origine de notre Église. Je me prépare humblement et silencieusement à tout cela, n'en parlant qu'à vous, qui n'en parlerez à personne. Mais j'éprouve le besoin de me sacrifier à ce cher Verdun, et de lui donner tout ce que je pourrai tirer de mon âme : c'est là un sentiment qui s'accroît à Rome, au tombeau de saint Pierre et de saint Paul.

» J'ai grand espoir dans l'avenir ! Ce pontificat de Pie IX est un mystère de gloires, de triomphes, de lumières, et il renferme en soi un avenir plus mystérieux encore et où nous, élèves du séminaire français, nous devons prendre un rang que Dieu et Pie IX nous ont assigné. Je voudrais que vous connussiez ces belles et nobles âmes au milieu desquelles je vis, et avec lesquelles je combattrai plus tard : alors vous les verrez à l'œuvre, vous les aimerez et serez un de nos frères ; en attendant, priez pour eux et pour moi, et que l'œuvre de Dieu se fasse !

» De votre côté, déblayez le terrain où nous bâtirons, et disons ensemble encore une fois : *Vive la sainte Église romaine !* — Nous réussirons, mais courage, mais constance.

» Prochainement, je prendrai *Deo auspice* les grades de licencié en théologie et de bachelier en droit canonique.

» Ne doutez pas, je vous prie, que je ne me souvienne fréquemment de vous, surtout aux pieds de notre céleste Pie IX, et quand, le front appuyé sur le marbre de la confession de saint Pierre, je rêve à l'avenir et je prends la résolution d'être à jamais à la sainte Église. »

Au mois de juillet de cette même année, dès les premiers jours, l'abbé Didiot prit part aux concours. Il y réussit à merveille et passa très brillamment l'examen de licence. Le 21 eut lieu au Collège romain une séance solennelle : il y défendit magistralement un très grand nombre de thèses portant sur les questions les plus diverses de la théologie : ce fut un glorieux triomphe. Voici en quels termes il fit à l'abbé Sauvage le récit de cet événement :

« Il y avait là quatre cardinaux et sept évêques ; plus de trente prélats, et au moins quatre cents ecclésiastiques, religieux ou étudiants de Rome, remplissaient la grande salle du Collège romain.

» J'étais assis en un fauteuil élevé sur une estrade pavoisée de rouge et de blanc. En face de moi, sous un dais, les cardinaux. A mes côtés, mon professeur et le P. Perrone ; aux côtés des cardinaux les Monseignori, tous placés en demi-cercle, en sorte que l'espace vide était circulaire. Un peu à ma gauche, vers le milieu du cercle, les trois adversaires. — Le reste de l'assemblée était placé en cercles concentriques et si nombreux, si pressés, que la première édition de mes thèses fut épuisée dès le soir même... Après un discours latin, où je décrivis mon émotion et ma crainte, je dus défendre trois de mes thèses de vive voix pendant quatre heures contre les adversaires qui les avaient choisies secrètement. La grâce de Dieu ne m'a pas manqué. » Ce que l'abbé Didiot oublie de dire, c'est que l'on avait invité, pour la circonstance, l'ambassadeur de France. Quand le jeune théologien eut achevé de parler et descendit de l'estrade au milieu d'applaudissements unanimes, celui-ci s'approcha de lui, l'embrassa, le félicita, en ajoutant qu'il était heureux de représenter la France en un jour aussi solennel. Un plus grand honneur encore l'attendait : il fut présenté au Souverain Pontife. « Pie IX, dit-il, m'a accueilli avec une bonté toute remarquable, m'a félicité sur mon succès, qu'il avait déjà appris. Puis Sa Sainteté a béni, avec les plus aimables paroles, le supérieur du Séminaire français qui me présentait, puis moi-même et mes travaux. Le lendemain soir de cette audience, le Saint Père m'a envoyé, par deux officiers de la cour, une médaille d'argent magnifique, dans un écrin de soie violette et de velours rouge, aux armes pontificales. C'est un présent superbe et qui a surpris plusieurs Monseignori qui l'ont vu. Le pape Pie IX veillant sur moi, songeant à moi, n'est-ce pas là une heureuse joie ? »

Le bruit de ces succès académiques ne tarda guère à se répandre ; on en parla dans le diocèse de Verdun : c'étaient-là trophées de Miltiade qui empêchaient quelques envieux de dormir. Lui cependant ne s'en inquiétait pas. Il disait alors à un ami : « Oui, je crois que ma vie, ma destinée peut être un scandale à ceux qui n'entendent pas le *Sanctam Romanam Ecclesiam promovere* ! Le centre de notre activité, de notre affection n'est pas chose vulgaire, et les esprits vils et étroits n'y atteignent pas, mon cher ami. Passons à travers leurs jalouses injures et leurs basses inimitiés, sans leur accorder une attention que nous ne devons qu'à notre étoile. »

Aussi bien, l'abbé Didiot se consolait en pensant que sa jeune sœur se montrait digne de lui : « Alix m'apprend, ajoutait-il, qu'elle a obtenu sept prix, deux premiers accessits et des couronnes... cela m'enchante. »

Le 5 septembre 1862, à neuf heures du matin, eut lieu la cérémonie de la collation des grades. Le soir se fit la distribution des prix présidée par Son Éminence le cardinal Milesi. Le jeune abbé y reçut trois médailles à l'effigie du Souverain Pontife, comme nous l'apprend la lettre suivante :

« A Monsieur l'abbé Sauvage,

Rome, 1er novembre 1862.

» Mon très cher Ami,

» Je voudrais pouvoir appliquer à la rédaction de mes lettres la rapidité et l'effrayante promptitude dont dispose l'industrie de nos temps modernes : j'aurais alors le plaisir qui n'est certes pas médiocre à mon âme, de vous griffonner vingt ou trente pages pendant les courts instants dont j'ai le libre usage.

» Nous allons reprendre le cours de nos études ; et à peine sorti des embarras d'un essai sur les *Tusculanes* de Cicéron que je destine à la Société philomathique, d'un travail qui s'imprime peut-être en ce moment dans les colonnes de la *Revue des sciences ecclésiastiques* encore ennuyé d'une névralgie qui me tourmente depuis deux mois, il me faut reprendre ce *harnois* comme disaient nos pères, ce harnois sous lequel j'ai grandement sué l'an passé ; il est vrai qu'à mes efforts la récompense n'a point manqué, et votre lettre du 25 septembre y a ajouté une douceur que j'ai assez d'amitié et de cœur pour comprendre.

» Que faites-vous ? ne laissez pas endormir chez vous ce mouvement qui vous pousse, qui vous excite et vous anime au service de la sainte Église. C'est là le point fondamental. L'exécution viendra dans trois ou quatre ans, à mon retour de Rome, s'il plaît à Dieu ! Alors, mon cher, nous avons un passé si étrange, qu'il pourra nous servir à justifier, et à faire comprendre un avenir et des projets plus étranges encore. Je rêve beaucoup ; rêves, oui ! mais qui pourraient bien avoir leur côté sérieux et pratique. Est-ce qu'un jour, savants tous deux, et fatigués déjà d'un ministère qui, très saint, cadre toutefois difficilement avec notre but et le plan de notre vie, nous ne pourrons pas réunir nos foyers, nos livres, nos travaux, et resserrant nos pensées dans l'unité complète, vivre de concert à l'ombre de notre antique cathédrale : insensé que je suis ! et pourtant voudriez-vous affirmer que vous êtes innocent de ces illusions-là ?

» Je vous le confesse, mon très cher ami, ce bien aimé séjour de Rome affermit et agrandit la foi, et je vois clairement combien, en dehors du service divin, tout est ridicule et méprisable : mais dans les limites de ce service qui est immense par sa variété et son étendue, tout est louable, faisable.

» Vous me demandez quelques détails sur mes honneurs [1] : je serais vraiment bien dur et cruel envers... moi-même de vous les refuser. Mes grades m'ont été conférés dans la forme solennelle des Universités, et deux diplômes en témoignent authentiquement. Mes trois prix m'ont été conférés sous forme de trois médailles de vermeil et d'argent à l'effigie de Pie IX et du Collège romain, et ces médailles, Son Éminence le cardinal Milesi me les attacha lui-même à la poitrine. Et placé dans le chœur de la grande église de Saint-Ignace, au

1. « Avant de vous parler des « Gesta Dei per Julium » disait-il encore, suivant votre heureuse expression, j'ai besoin d'une précaution oratoire, et vous d'un charitable avis. — Si je dis quelque chose de mes travaux et de mes succès, je ne m'en veux pas enorgueillir ; c'est une possession de Dieu, et qu'il me préserve de vouloir me l'attribuer. Je souhaite que mon âme se brise à ses pieds plutôt que de commettre un vol si sacrilège. Et vous, mon cher ami, gardez-vous d'exagérer et surtout de trop publier mes triomphes. »

rond-point d'un magnifique amphithéâtre élevé pour les lauréats, j'ai partagé la première place et le premier rang avec un jeune Belge, un ami que je vous ferai connaître. Adversaires dans la grande et publique argumentation que j'ai soutenue au Collège romain, nous nous trouvions unis dans le même triomphe. O sainte Église, ce sont de beaux jours que vous donnez-là à ceux qui vous aiment et veulent vous servir.

» Après cela, il reste à vous annoncer une nouvelle : c'est que ma très chère Alix est élève *au couvent de la Congrégation Notre-Dame*, à Verdun ; c'est sans doute le prélude de bien autre chose et d'un sermon de profession à prêcher là dans quelques années ».

L'abbé Didiot écrivait peu après à cette sœur affectionnée :

« Je veux causer un tout petit moment avec toi, et puis après t'avoir dit un bonjour bien affectueux m'en revenir à Rome, reprendre mes grands livres, qui sont fort savants, mais ne me font pas oublier ma chère Alix.

» Je suis content de tes petits succès ; ils prouvent ton application et le soin que tu mets à répondre aux bontés de ces Dames de la Congrégation.

» Je te recommande la douceur et la bonté envers tes compagnes : tu seras gentille et aimable à l'égard de toutes, sans jamais leur faire de peine.

» Bientôt tu seras enfant de Marie : tu sais que ce titre t'engage : la sainte Vierge fut élève comme toi, enfant comme toi ; elle a grandi à l'ombre de l'autel et dans le temple de Jérusalem, et toi tu grandis dans une maison qu'on pourrait appeler un temple. Souviens-toi de cette ressemblance, ma chère Alix, et efforce-toi de la rendre parfaite.

» Le chant et le dessin te réjouissent, le dessin surtout te ravit [1], et tu as crayonné des pêches et des pommes ; à merveille ! ma chère Alix : le chant nous unit aux anges de Dieu, et le dessin c'est la glorification de ses œuvres.

---

1. Quelques années plus tard M. Didiot écrivait encore à sa sœur : « J'ai appris avec plaisir que vous allez suivre un cours de peinture. Si je n'étais pas si absorbé par la philosophie et la théologie, j'envierais votre sort ; car, il y a un agrément et une utilité très considérables dans l'étude des arts, de la musique surtout et de la peinture. Je crois que la rectitude de l'oreille et de l'œil sert beaucoup à la rectitude de la pensée et de la volonté, que le goût de l'harmonie sensible dispose mieux à aimer l'harmonie des choses invisibles. »

» La bonne écriture de ta lettre m'a fait plaisir : j'ai pu constater un véritable progrès, et, crois-le bien, quand même je serais encore plus absorbé par mes études métaphysiques et philosophiques, je ne cesserais point de prendre une part très grande à tes succès et à la joie qu'ils te causent. Je m'intéresse très vivement à la manière dont tu fais une multiplication ou une division, à la manière adroite ou non dont tu pousses ton aiguille, ou dont tu mènes ta plume. Ainsi, lorsque tu m'écriras, donne-moi des détails minutieux, ils me font grand plaisir.

» J'ai réservé pour la fin de ce billet une prière que j'ai à te faire : *c'est de bien étudier, de bien travailler;* jamais, non jamais de négligence ! tu y es obligée plus que les autres, n'est-il pas vrai ? Après cela, si tu mérites des reproches, ce qui arrivera certainement, car on ne peut pas être parfait, je te supplie de ne pas t'en chagriner, et de les recevoir *tranquillement* et *sans tristesse.*

» Je ne te parlerai pas de Rome aujourd'hui ; sache seulement que nous y sommes toujours bien tranquilles et bien heureux. Il pleut très fort en ce moment, mais demain nous aurons un beau soleil de printemps, et les roses fleuriront autour de « Sainte-Marie-Majeure. » — Ainsi, ma chère Alix, les pleurs et la tristesse chrétienne se changent en joie et en plaisir : toi et moi nous le savons. — Je t'embrasse de tout cœur ; toi, prie Dieu et ses saints de me donner une abondante lumière dans mes travaux. »

Tandis qu'il se préparait au doctorat, une grave maladie l'obligea d'interrompre ses études. Dès que son état le permit, son supérieur s'empressa de l'envoyer à Frascati, dans une délicieuse villa, où le changement d'air et le repos le remirent rapidement. Lui-même parle avec émotion de sa jolie petite chambre « qui donnait à la fois sur les montagnes et sur la mer », et d'où il voyait à l'horizon, les jours « où l'azur splendide du ciel se mêlait à l'azur des flots », les vaisseaux napolitains, qui allaient chercher ses lettres à Civitta-Vecchia pour les porter à Marseille.

Il rassurait ainsi sa jeune sœur le 30 janvier 1864 : « Grâce à Dieu, lui disait-il, je suis enfin très bien remis. Mes forces sont revenues. Je suis très gai et très content, ne t'inquiète donc en aucune façon.

» Toutefois la maladie m'a mis en retard pour mes études et j'ai beaucoup à faire maintenant. J'ai quatre classes à suivre par jour, et il me reste peu de temps pour étudier chez moi. Cependant j'espère, avec la grâce divine, parvenir à suffire à tout. J'apprends cette année les langues orientales : le syriaque, le chaldéen et l'arabe.

» Mon argumentation solennelle aurait pu me servir d'examen pour le doctorat, mais comme avant tout je cherche le solide et la science, j'ai renoncé à ce privilège, et, sur le conseil de mes professeurs, j'ai remis mon doctorat en théologie au mois de juillet prochain. D'ici là, je pourrai travailler largement et rendre service plus tard au diocèse de Verdun. »

La dernière lettre envoyée de Rome par l'abbé Didiot est datée du 16 août 1864. Il informe Alix qu'il a été ordonné diacre la veille, fête de l'Assomption, mais nous trouvons dans le registre écrit de sa main des renseignements sur les derniers jours qu'il a passés dans la ville éternelle. Nous en extrayons les passages suivants :

« *30 juillet.* — J'ai subi de huit heures à dix heures et demie mon examen de docteur en théologie.

» Le R. P. Perrone présidait.

» Le P. Cardella a commencé l'argumentation par un charmant compliment.

» Ont suivi : les R. P. Franzelin et Ragazzini.

» Grâces et louanges à Notre-Seigneur Jésus-Christ.

« *4 août.* — Fête de saint Dominique. — A huit heures du matin j'ai prêté le serment et émis la profession de foi suivant la constitution apostolique de Pie IV, et j'ai eu le plaisir de le faire en compagnie d'un jeune et charmant docteur en philosophie, qui peut-être un jour sera mon compagnon d'armes. Ces Belges valent de l'or.

« *4 août au soir.* — Je commence ma retraite chez MM. de la mission, à Monte-Citorio.

« *8 août* (Monte-Citorio). — Hier Rome était couverte d'affreux nuages qui la menaçaient d'un « temporale » de premier ordre : nous n'avons eu que quelques coups de tonnerre lointain, et l'orage s'en est allé, je ne sais où, tapager à son aise, éclater et foudroyer.

» Or, en ce moment, voici ces nuages qui reviennent, non plus furieux et menaçants, mais frais et adoucis, et ils versent sur Rome une pluie vraiment délicieuse et longtemps désirée.

» Providence de Notre-Seigneur sur son Église, tu renouvelles cela bien souvent dans le monde moral : l'orage menace le Vatican, mais tu le conduis loin de nous, et il éclate sur la tête de ceux qui l'ont préparé ; puis il revient sur la sainte Église, poussé par le souffle des anges, il ne contient plus de colères, ni de châtiments, mais il s'entr'ouvre doucement, et la grâce, l'amour, le sang de Jésus-Christ inonde nos cœurs.

» *12 août.* — Encore dix jours à passer à Rome, près de Saint-Pierre.

» Quoi, seulement dix jours, et s'éloigner !... et n'y plus revenir peut-être ! Et si j'y reviens, n'y plus demeurer, mais, comme un oiseau, m'y abattre entre deux coups d'aile et repartir encore...

» Cette pensée m'attriste jusqu'aux larmes, et la pensée de revoir la France ne suffit pas à me consoler. Je sais que nous n'avons pas de demeure permanente sur la terre, mais je voudrais faire exception pour Rome, et n'en point sortir, sinon pour arriver au ciel... Ah ! je comprends combien le dernier regard du sénéchal de Champagne sur le manoir de Joinville lui fut amer et douloureux.

« *13 août*, au soir. — Demain matin, je terminerai cette retraite préparatoire au diaconat, et quitterai cette excellente maison, où j'ai rencontré des religieux si bons, si simples et si profondément pieux. Leur dévouement à la diffusion de l'esprit ecclésiastique est immense et sûrement produira des fruits.

» Ce soir, j'ai fait conversation avec ces chers Napolitains, mes huit compagnons de retraite... un peu confesseurs de la foi. Vraiment, ils ont un cœur que nous n'avons pas et qui m'a inspiré de l'amitié pour eux. Me voilà tout triste de les devoir quitter demain, pour les revoir un seul instant à l'ordination de lundi. Enfin, c'est un dur chemin que celui de la vie, où l'on voudrait sans cesse s'asseoir près de ses amis, et où l'on est forcé d'avancer : mais on avance vers la patrie, où on doit se retrouver pour ne plus se quitter.

« *Lundi 15 août 1864.* — Je suis ordonné *diacre* de la sainte Église romaine par Mgr de Villanova Castellani, archevêque de Petra. Mes chers Napolitains étaient là, dans la petite chapelle de Son Excellence.

» Cette ordination avait bien quelque chose de semblable aux ordinations des catacombes : une chapelle de la dimension des *cubicula*, et obscure comme eux : nous pressés devant cet évêque simple et majestueux, comme les évêques de la première Église, et surtout ces huit enfants de Naples, qui ont bravé la persécution pour arriver aux pieds de l'autel où ils se consacrent ; la plupart ne portaient point la tonsure et avaient laissé croître leur barbe pour rentrer plus inaperçus dans leur patrie. Je suis sûr que Dieu a largement béni leur sacrifice.

» Me voici donc dans la milice des diacres. Mon voyage de Rome est ainsi enfermé entre deux ordinations : le 27 octobre 1861, je recevais le sous-diaconat, et je partis le 1er novembre; aujourd'hui je reçois le diaconat, et je partirai dans huit jours. »

« *Mardi 16 août 1864.* — Une petite lettre du P. Cardella m'introduit chez le R. P. Liberatore. Jamais réception plus aimable ne me fut faite. Nous avons causé très longuement philosophie catholique, et je dois le dire, très amicalement. Je lui écrirai et il sera mon conseil. Être vraiment *thomiste.*

» Il m'a assuré une belle et longue carrière, mais elle sera *ad majorem Dei gloriam.* Nous nous sommes embrassés bien tendrement et dit au revoir!

» Ma séparation d'avec Rome se fait par degrés qui me déchirent le cœur : ce matin, la ville m'a paru plus belle et plus sainte que jamais.

« *21 août.* — Saint-Pierre, c'est sans doute la dernière visite que je lui fais avant mon départ.

» Je l'ai parcouru tout entier, bien triste. Ses grandeurs, ses beautés m'affligeaient, car il est dur de les laisser là. Une dernière fois, j'y ai dit mon *Credo !* devant la chaire de saint Pierre, j'ai baisé la porte de bronze et le marbre de la confession, j'ai appuyé mon front sur le pied de sa statue de bronze. Je crois avoir laissé là ce qu'il y a de plus intime en moi ; je l'y viendrai souvent reprendre par ma pensée et par un pèlerinage fréquent, *ad limina Apostolorum.* J'ai pensé que je quitte saint Pierre, mais que saint Paul reste près de lui ; que vous êtes heureux, ô Paul, de reposer dans la même sépulture que le chef de l'Église... Mais cela est juste, vous avez si bien travaillé pour lui ! Je veux aussi prêcher, travailler et combattre, et peut-être j'aurai pour récompense de mourir près de vous, et de m'endormir non loin de votre tombe. Ce matin on me disait : « Si le pape vous rappelait un jour à Rome ? » Ah ! saints et glorieux apôtres, je répondrais avec joie : « Me voici ! »

» Mais non, j'ai fini de vivre à votre école, et d'être parmi les enfants de votre maison, et quand je reviendrai au seuil de votre basilique, je ne serai plus que votre hôte. Souvent, me promenant sous votre noble portique, je plaignais les prêtres venus des pays lointains, qui vous saluaient à la hâte et vous quittaient bien vite ; et je savourais cette idée que moi, je demeurais, je ne passais pas ; et maintenant je serai aussi ce voyageur d'un jour, hâté et inquiet... Cela est triste à se dire.

» Donc je pars ! Et tu demeures là, ô sainte et grande basilique ; les statues de tes tombeaux restent immobiles, ta coupole conserve sa stabilité, rien n'ébranlera ton immensité, ô patrie permanente ! Image d'une autre patrie plus inébranlable encore ! Ah ! comme l'encens des fêtes passées reste longtemps sous tes voûtes, et se promène en nuages mystérieux dans tes nefs et absides, comme l'écho des chants sacrés se prolonge à travers ton enceinte, ainsi j'espère que ma prière vivra encore dans tes murs, et qu'elle se mêlera aux accents de tes prêtres jusqu'à la fin du monde, car les parfums d'aujourd'hui s'unissent chez toi aux parfums d'hier, et les harmonies du présent aux harmonies du passé !...

« *4 septembre 1864*. — Ce furent les derniers mots que j'écrivis à Rome ! Le 24 août, je partis et le 31 je me retrouvais dans les murs de Verdun... Mais Notre-Seigneur Jésus-Christ et son Église catholique ne changent pas, et je suis encore à eux à jamais ! »

CHAPITRE IV

LE PROFESSORAT AU GRAND SÉMINAIRE DE VERDUN. — LA DISGRACE. — L'ABBÉ DIDIOT, BIBLIOTHÉCAIRE DE LA VILLE, ET AUMONIER DE LA CONGRÉGATION SAINT-JOSEPH.

Le 24 septembre 1864, Jules Didiot fut ordonné prêtre à Verdun et nommé professeur de philosophie au grand séminaire de cette ville. Cette nomination lui valut les félicitations de l'évêque de Bayeux, Mgr Didiot, qui lui témoigna sa satisfaction de le voir chargé de former à l'art de penser, les jeunes abbés du clergé verdunois.

Il apparut tout de suite à ses élèves comme un professeur consommé, un prêtre d'une grande dignité, un savant de premier ordre.

Naturellement, le brillant élève du Collège romain ne pouvait enseigner d'autre philosophie que celle de l'École. Aussi, dans ses leçons, le nom du docteur angélique revenait-il à tout propos sur ses lèvres.

Bien qu'ayant professé avec éclat pendant quatre années la philosophie, c'est en prenant possession en 1868 [1] de la chaire de théologie dogmatique que M. Didiot se montra vraiment lui-même, résolu qu'il était à faire partager à ses élèves les deux passions de sa vie : son amour pour saint Thomas d'Aquin, et son affection pour le Pape.

---

1. A cette même époque, l'entrée en religion de sa sœur Alix, apportait à son cœur aimant une consolation et une tristesse. « Après la sainte Église, lui écrivait-il, je n'ai rien de plus cher que vous en ce monde. La grâce et la vocation divine vont nous séparer. Eh bien! au moment de vous quitter ainsi, je ne puis me défendre d'une tristesse naturelle qui serait assurément bien vive, si la raison et la foi ne m'inspiraient pas en même temps une joie surnaturelle beaucoup plus considérable... Dussé-je occuper moins de place dans votre âme, j'en serai ravi si vous donnez cette place au bien souverain, qui est Dieu même. »

Très affable et très simple, il se mêlait volontiers aux récréations des séminaristes, et l'on se réjouissait d'écouter ses intéressantes causeries. « On ne pouvait sortir d'un entretien avec le bon M. Didiot, dit un de ses anciens élèves, sans être encouragé à la vertu, et enflammé du désir d'apprendre. »

Prédicateur original et élevé, il remuait profondément les âmes, et dans les retraites d'ordination, les plus belles et les plus édifiantes de toutes, où l'on voyait les directeurs du séminaire se montrer encore plus soucieux de la perfection sacerdotale des jeunes lévites, les sermons du savant professeur étaient impatiemment attendus.

Chose curieuse ! il réunissait en lui les talents qui paraissent les plus opposés, semblable en cela à son maître préféré, l'Ange de l'École, dont l'influence fut si profonde sur les lettres, les arts et l'économie politique et sociale de son temps. Toutefois, si la tradition nous a laissé pour preuve de l'inspiration poétique de saint Thomas d'Aquin, cet admirable office du Saint-Sacrement que saint Bonaventure déclarait directement inspiré par l'Esprit-Saint, elle ne nous dit pas qu'il en ait composé le chant. Mais l'abbé Didiot qui s'était révélé plusieurs fois poète [1] était aussi bon musicien. Ses élèves étaient heureux d'interpréter son *Tota pulchra es*, une œuvre de jeunesse, disait-il, mais qui figure aujourd'hui dans les recueils de chants un peu complets, et la messe de *Requiem* que sa piété filiale envers Mgr Rossat lui fit harmoniser en quelques heures pour les funérailles du prélat.

Ici encore, ce qu'il savait, il brûlait du désir de le communiquer, et quelques anciens élèves se souviennent avec émotion des leçons qu'il leur donnait à la maison de campagne du séminaire, les jours de promenade, lui assis sur un tronc d'arbre, et eux faisant cercle autour de lui, sur la pelouse d'un parc.

Selon lui, l'esprit ne devait jamais rester oisif. Aussi, dès les premières semaines de la rentrée, il s'informait avec soin auprès de chaque élève du genre d'études qui avait sa préférence, histoire, géographie, lettres, mathématiques, et il fallait plus tard lui rendre compte des travaux que l'on continuait à faire sur ces matières accessoires.

1. Rappelons, en passant, que M. Didiot collabora activement à la composition des hymnes du nouveau *Propre* de Verdun, lors de l'introduction du *Rit romain* dans le diocèse. Ce n'est pas son moindre titre de gloire.

Le même souci le suivit, lorsqu'il fut devenu professeur de théologie dogmatique ; mais on devait pour ce travail supplémentaire rester dans le domaine de la science sacrée. Lui-même donnait à ses élèves plusieurs sujets de thèses : chacun choisissait, d'après ses aptitudes et ses goûts, celui qui lui convenait le mieux, puis le développait et le défendait contre des argumentateurs acharnés.

L'abbé Didiot faisait plus encore : il travaillait de toutes ses forces à répandre dans le public la philosophie chrétienne et la théologie traditionnelle [1]. « Comme le matérialisme et l'impiété, écrivait-il alors, ont pénétré dans les peuples, par cent ouvertures et de toutes les façons qu'on peut imaginer, par la critique, l'histoire et les sciences naturelles, par les encyclopédies, les livres et les journaux, par le théâtre et par les romans, par les lois et l'opinion publique, ainsi devons-nous y faire rentrer le spiritualisme catholique par toutes les voies que l'esprit humain, si obstiné qu'il soit dans les ténèbres, conserve toujours libres et accessibles à la vérité, et par toutes celles que la grâce surnaturelle y pratique chaque jour. Il se refait en France une atmosphère plus saine et plus chrétienne, à mesure que l'atmosphère du mal s'épaissit davantage et se charge de plus terribles orages. Cependant les éléments lumineux et vivifiants, qui se réunissent pour le bien sont encore un peu vagues, confus, flottants et quelquefois contradictoires ; c'est qu'il y manque la philosophie et la théologie réelles, et quand celles-ci auront repris sur les âmes catholiques leur empire d'autrefois, nos légions spirituelles seront plus fortes, nos combats plus habiles, nos succès décisifs. » Dans ce but, il composa de nombreux et remarquables articles pour la *Revue des sciences ecclésiastiques*, et il s'acquitta si bien de sa tâche que le directeur, M. l'abbé Hautcœur, voulut lui céder sa place. « Mon cher ami, lui disait-il, vous avez du temps, des talents, des connaissances, des forces ; vous ne vivez pas dans l'isolement où je suis relégué. Chargez-vous donc de la direction de la *Revue* ; voilà une œuvre que vous conduirez parfaitement, et où vous ferez merveille. »

---

1. La sainte théologie, disait-il encore, est une si belle et si grande chose, mais si fort ignorée, même de ceux qui passent pour doctes et érudits, que j'ai pris le parti de me faire son champion déclaré. Elle est le centre de tout, l'explication et le complément de tout, et rien n'est parfait s'il ne lui emprunte quelque chose de sa lumière. La piété languit et se fausse sans elle.

Mais M. Didiot ne voulut point accepter : il lui semblait qu'il se devait entièrement aux chers élèves qu'il allait, hélas! bientôt quitter.

Pourquoi donc le séminaire de Verdun ne garda-t-il que pendant six années un maître dont la mission promettait pourtant d'être si féconde ? On peut l'apprendre de la chronique politico-religieuse de Verdun en l'an de grâce 1870. Personne n'ignore les dissentiments profonds, que créa au sein du concile du Vatican la discussion sur le dogme de l'infaillibilité pontificale. Ce que pensait l'abbé Didiot de cette vérité et de l'opportunité de sa promulgation solennelle, ses élèves le purent comprendre le jour où, au cours de ses leçons, il leur confia qu'au sujet de l'infaillibilité pontificale comme jadis de l'Immaculée Conception, des prêtres et des religieux avaient fait vœu, pour faire aboutir la question, non seulement de ne négliger aucun moyen pratique, mais d'embrasser quelques mortifications et pénitences pénibles. Était-il de ces fervents du pape? Il y a lieu de le penser.

Cette manière de voir n'était pas celle du supérieur, M. l'abbé Thomas, et de plusieurs directeurs du grand séminaire qui jugeaient la définition du dogme inopportune. De là une sorte de conflit, auquel furent mêlés les élèves, et que ne tarda guère à connaître l'évêque de Verdun, Mgr Hacquard, alors à Rome, et l'un des tenants, lui aussi, de l'école libérale. Voilà pourquoi, à son retour, l'un des premiers actes de l'évêque de Verdun fut d'appeler auprès de lui, comme vicaire général, M. l'abbé Thomas. Puis il écrivit à l'abbé Didiot les lignes suivantes :

« Monsieur l'abbé,

» En confiant la direction du grand séminaire à M. l'abbé Pérignon, je dois assurer à son œuvre une parfaite homogénéité. Les dissentiments profonds révélés, l'an dernier, s'opposent, de votre part, à une collaboration sympathique, et de la sienne, à une entière confiance. La situation ne pourrait donc être loyalement agréée ni par lui, ni par vous.

» A l'heure présente, je ne puis employer convenablement votre talent et votre dévouement au diocèse. Dès que l'occasion m'en sera donnée, je vous prouverai, je l'espère, Monsieur l'abbé, que la mesure douloureuse d'aujourd'hui n'ôte rien à l'estime, et à la bienveillance que vous m'avez inspirées. »

Comment M. Didiot reçut-il cette nouvelle qui le frappait si douloureusement au cœur ? Nous ne sommes pas réduits à des conjectures ; nous avons le témoignage d'un de ses meilleurs élèves qui vint lui offrir ses consolations : « Nous pleurâmes, dit ce dernier, en nous tenant étroitement enlacés. » Et il ajoute : « Ce malheur, hélas ! nous atteignait tous. M. Didiot nous avait fait tant de bien ! Il était à la lettre notre maître, maître de nos esprits, maître de nos volontés, maître de nos jeunes et ardentes énergies, maître surtout de nos cœurs. Il pouvait tout nous demander. C'était le maître dans toute l'acception du mot. »

Ainsi écarté du séminaire, l'abbé Didiot se retira dans une modeste maison de la rue des Prêtres, à Verdun, avec deux amis frappés comme lui et pour le même motif. Il se proposait d'y vivre studieusement, passant ses journées avec saint Thomas d'Aquin et les autres, qui sont si petits, disait-il, quand on les compare à lui.

Au bout de quelques mois, lorsque le silence fut fait autour de ces incidents, le conseil épiscopal crut qu'on ne pouvait laisser plus longtemps dans l'oubli un homme d'une telle valeur, et, le 19 avril 1871, l'abbé Didiot reçut de Mgr Hacquard une lettre ainsi conçue :

« Monsieur l'abbé,

» L'aumônerie de l'École normale, à Commercy, attend le successeur de M. l'abbé Guyot. Cette situation exceptionnelle me paraît convenir à votre santé, à vos aptitudes et à vos goûts studieux. D'ailleurs, les vides nombreux qui viennent de se produire dans le diocèse font appel à tous les dévouements. J'ose espérer que le vôtre ne nous fera pas défaut, et que très prochainement vous pourrez aller remplir des fonctions qui intéressent sérieusement la conservation de la foi au milieu de nous. »

Après avoir pris quelques jours de réflexion, l'abbé Didiot répondit en ces termes :

« Monseigneur,

» Pour accepter l'offre que Votre Grandeur veut bien me faire de l'aumônerie de l'École normale, il me faudrait des aptitudes, des goûts et même une santé que je n'ai malheureusement pas. Daignez donc, Monseigneur, agréer l'expression de la peine que j'éprouve de ne pouvoir me conformer ici à vos vues sur moi.

» Votre Grandeur ne me refusera pas une légère marque de bienveillance que j'ai l'honneur de solliciter instamment, c'est de pouvoir demeurer dans l'état de solitude où je suis depuis plusieurs mois.

» Veuillez accepter, Monseigneur, en même temps que mes sincères condoléances pour le deuil qui vient de vous frapper, l'hommage du très profond respect de

» Votre serviteur le plus humble et toujours le plus loyal. »

Mgr Hacquard comprit qu'il n'y avait pas lieu d'insister, et l'abbé Didiot put continuer à vivre dans sa retraite, où de temps à autre quelques élèves du séminaire le venaient visiter. Ils aimaient, nous dit l'un d'eux, à retrouver ainsi « les trois professeurs qu'ils avaient le plus estimés, et qui payaient, par un cruel exil, le courage qu'ils avaient eu, à défendre la saine doctrine. » — Lui, cependant, acceptait avec résignation la triste situation qui lui était faite. Voici les sentiments qu'il exprimait à ce sujet, dans une lettre adressée à cette époque à sa bien-aimée sœur.

« Ma chère Alix,

» Votre lettre m'arrive, enfin ! à l'instant. J'étais néanmoins bien sûr que vous n'aviez oublié ni saint Jules ni son client. Vous avez grandement raison de me recommander à ce très saint et très courageux pape. Non que je sois en des « circonstances difficiles » : là-dessus je n'accepte pas vos expressions. Il ne m'est guère pénible, grâces à Dieu ! d'être jeté à la mer pour le service de l'Église; et sans inquiétude comme sans peur, je me laisse porter par le flot jusqu'au rivage où Notre-Seigneur me veut. Étant très persuadé que nous sommes arrivés à une période de ruine universelle, et aussi de restauration complète [1] ; ayant toujours enseigné que l'action surna-

---

1. Dans une autre lettre il disait encore : « Il me semble que nous assisterons bientôt à la résurrection nationale : mais il faudra que le vieux cadavre de 1789 soit auparavant réduit en poussière. Les embaumeurs sont présentement à l'œuvre, et le clergé libéral chante de son mieux un *Requiem* qu'il prend naïvement pour un *gaudeamus*. Mais ils n'y peuvent rien. Le mort est bien mort ! Et déjà la vie germe dans son tombeau. Nous retrouverons notre belle France, celle de Jeanne d'Arc et du roi Robert. » — Hélas ! Pourquoi cette belle prophétie ne s'est-elle pas réalisée ?

turelle de Dieu, et l'opération des démons vont éclater au grand jour, dans une lutte qui n'a eu de pareille qu'au temps des Apôtres, qu'au temps de la conversion des Barbares, et qu'à celui du concile de Trente, je vais en aveugle devant moi, très confiant dans la main de Notre-Seigneur, à laquelle je tâche de rester soumis.

» Condamné et proscrit, je sens bien que la grâce divine ne me manque pas. Ah ! la grande science que celle de la confiance en Dieu ! Quand on a bien compris ce mot de saint Paul : « Soit que nous vivions, soit que nous mourions, nous sommes du Seigneur », on en sait plus que tous les catholiques libéraux, et l'on vient même à voir les malheurs de l'Église et de la France, je ne dis pas sans un serrement de cœur, mais avec calme, et avec une tranquillité profonde comme un abîme.

» J'attends donc. C'est là toute ma politique. Si j'écoutais mes goûts et ma paresse, j'aurais déjà pris la résolution de demander ma retraite à Verdun ou à Esnes. Mais j'entends au loin que l'Esprit de Dieu souffle sur notre pauvre Église de France, et alors, je suis comme le coursier dont parle Job, et qui, en entendant le clairon, dit : « Vah ! ». Depuis quelque temps je reçois des lettres de gens qui me disent : « Venez avec nous, et bâtissons ! ». J'irai peut-être quand la voix de Notre-Seigneur sera bien claire. Je ne veux pas même me permettre de désirer qu'elle le soit bientôt, tout ce que j'ambitionne, c'est de l'entendre quand elle daignera parler, et de la suivre avec fidélité. »

Cependant l'abbé Didiot utilisait ses loisirs en composant son beau livre sur l'état religieux.

Sa situation ne fut pas longtemps à s'éclaircir. Au mois de septembre 1871, il annonçait cette bonne nouvelle à sa sœur, la pieuse confidente de ses pensées.

« Dans trois ou quatre jours, lui disait-il, ma situation sera fixée probablement. Les projets qui m'appelaient à Nîmes (où l'on se proposait de fonder une Université catholique) sont suspendus, et plusieurs de mes amis de Verdun ont tellement manœuvré que me voici, à peu près, nommé bibliothécaire de la ville. C'est un titre fort honorable qui me laissera des loisirs, me donnera de l'influence pour le bien, mais ce n'est guère qu'un titre. Comme je n'ai aucun attrait pour thésauriser, et que je suis fort content d'avoir le nécessaire, j'accepterai cette position. Et puis, l'avenir m'en apprendra davantage. »

La nomination vint en effet dans les premiers jours d'octobre.

A son entrée en fonctions, l'abbé Didiot trouva la bibliothèque dans un état lamentable, à la suite du blocus et des bombardements (août et octobre 1870). Le désordre matériel était encore aggravé par la constatation de la disparition de nombreux ouvrages, demeurés entre les mains des emprunteurs. Parmi ceux-ci on eut à regretter la perte de plusieurs manuscrits des plus importants, que malgré ses actives recherches le nouveau bibliothécaire ne réussit pas à retrouver.

Bien que tout dévoué à ses nouvelles fonctions, l'abbé Didiot n'en continuait pas moins à travailler de toutes ses forces à l'exaltation de la sainte Église romaine. Il écrivait à cette époque :

« Accablé de besogne, je ne cesse d'accepter de nouvelles charges. Je devrai partir au commencement de mars pour Bar-le-Duc, où je prêcherai une station de carême, aux hommes surtout... Je viens aussi d'accepter à Verdun la direction d'une œuvre de jeunes gens que j'évangéliserai deux fois par semaine.

» En même temps, je surveille l'impression de mon livre sur saint Rouin [1], et je prépare celle d'une notice biographique d'un philosophe verdunois du XVIIe siècle. Je continue d'écrire dans la *Revue des sciences ecclésiastiques* quelques articles de philosophie et de théologie. »

Par moments, cependant, il se laissait aller au découragement, éprouvait un profond dégoût des choses et des hommes, et formait le projet de quitter le monde. L'ordre de saint Benoît surtout l'attirait et il se demandait si la Providence ne le destinait pas à faire revivre en Lorraine les monastères de la Congrégation de saint Vannes qui y ont jeté dans le passé un si brillant éclat. Voici ce qu'il écrivait à ce sujet dans son cahier de notes intimes :

« *14 août 1872*. — Jour anniversaire de ma naissance. — Je vais entrer dans ma trente-troisième année, une année d'homme fait ; et

---

1. Un admirable saint du VIIe siècle et le futur sauveur de la foi dans les populations de l'Argonne, qui lui ont conservé une grande dévotion.

probablement le sommet de cette colline à deux pentes qui sont notre passé et notre avenir.

» Je traverse une période pénible, difficile, obscure ; cela est certain.

» Je suis dans une situation extraordinaire, mal vu de l'autorité épiscopale, en dehors de toute charge ecclésiastique, revêtu d'un emploi, que mon prédécesseur a fait très laïque et très profane, et je puis être à charge à mes deux commensaux.

» Au point de vue intérieur, je souffre de mon inaction en matière d'œuvres ecclésiastiques...

» Mon genre de vie actuel n'a rien en soi de mauvais ; je ne suis nullement en révolte mais en disgrâce ; si, l'an dernier, je n'ai pas accepté de poste à l'École normale, j'ai eu de bonnes raisons pour motiver ce refus. Du reste, c'est fait, et aujourd'hui je ne découvre aucun motif sérieux de changer de position. Ici, je puis travailler, étudier, composer ; c'est un genre d'apostolat que j'ai désiré de 1861 à 1864, auquel je me suis appliqué en 1871, et qui a bien son mérite ; je ne dis pas qu'il aura ses bons résultats, et je n'ai pas à m'en préoccuper, le résultat ne dépendant pas absolument de nous.

» Il est certain qu'au milieu des difficultés, des peines, des embarras, des afflictions qui me sont imposés par la permission de Notre-Seigneur, je puis avancer en vertu et en perfection ; je l'ai désiré dans le passé mais trop spéculativement ; depuis qu'il faut pratiquement tirer de là un profit sérieux, je me décourage et me lamente. Cela vient d'une erreur où j'étais : que je pouvais diriger ma vie à ma guise et que je serais toujours, en cela, l'enfant gâté de la Providence.

» J'en reviens à présent, et je consens de grand cœur, ô mon divin Maître, à vous suivre partout et à travers n'importe quelle obscurité ou quelle peine. Je suis bien plus éprouvé que je ne fus jamais, ce me semble ; vous me donnerez des grâces de lumière et de force plus puissantes. Ces jours derniers, j'ai repris courage à l'étude, et j'ai mieux vu où je dois appliquer mon ardeur. Faites le reste, ô mon Dieu, et s'il vous plaît ainsi, renfermez-moi jusqu'à la mort dans cette prison froide et ténébreuse où je suis depuis deux ans. Je veux bien mourir quand et comment il vous plaira, même avec la conviction d'avoir été grandement inutile ici-bas. Le plus grand homme, d'ailleurs, saint Thomas d'Aquin lui-même, que fait-il en ce monde, et après lui, et de son vivant encore, quelle effroyable masse d'hommes qui ne profitent point de ses travaux !

» Notre-Seigneur le veut ainsi : naturellement j'aspire à de grandes réformes pour sa gloire ! mais je me mortifierai encore en cela et ne désirerai rien au delà de ce que je puis faire et de ce que je fais réellement.

» Mon Dieu, soyez mon tout !

» Et que je sois tout à vous ! surtout au ciel ! »

Dieu allait bientôt mettre un terme à cette inaction forcée. Le 20 avril 1873, l'abbé Didiot devenait aumônier de la communauté Saint-Joseph, de Verdun. Il s'y montra incomparable. Les sœurs, qui eurent l'avantage de suivre sa direction n'oublieront jamais les leçons de ce maître éminent qu'elles purent apprécier, soit dans les entretiens intimes qui restent le secret de chacune, soit dans les catéchismes et les conférences de chaque semaine.

Les enseignements aux religieuses peuvent se résumer en deux mots : il faut disparaître pour laisser en soi toute la place à Jésus, et ne plus vivre que par lui.

Les jeunes sœurs de la congrégation étaient l'objet particulier de sa sollicitude et de sa paternelle vigilance.

Mais ce fut surtout le pensionnat annexé à la maison mère de Saint-Joseph qui eut le privilège d'intéresser le pieux aumônier. Il usa de son influence pour y fortifier les études à tous les degrés. Ses encouragements rendaient facile jusqu'au sacrifice.

Nous avons sur ce point le précieux témoignage d'une ancienne élève :

« Je n'oublierai jamais, dit-elle, le souvenir de l'homme de bien et du prêtre éminent que fut M. le chanoine Didiot. Je l'ai connu au pensionnat pendant presque toute la durée de son séjour. Je lui serai toujours reconnaissante de ses bonnes leçons. Ses cours de catéchisme ne sont pas pour rien, je me le suis dit souvent, dans la conservation de la foi que le bon Dieu a bien voulu m'accorder. »

L'abbé Didiot goûtait de son côté de véritables consolations dans la direction de ces âmes d'élite. Nous lisons en effet dans une note intime :

« Je viens de passer une grande semaine, toute pleine de travaux et de fatigues. Mes bonnes filles de Saint-Joseph faisaient leur retraite générale, et il y en avait une soixantaine, dont j'avais à vérifier la conscience.

» Assurément, j'y ai trouvé de grandes consolations comme à l'ordinaire. car cette congrégation est très fervente et très adonnée à la vie intérieure. Ce matin encore, j'admirais comme la grâce divine *élève* et *achève* une âme, à qui j'ouvrais les portes de l'oraison et de l'amour de Notre-Seigneur, il y a quatre ans, quand elle arrivait du monde, avide de vérité et de sacrifice. »

On comprend facilement, dès lors, que la communauté, qui avait accueilli le jeune aumônier avec bonheur, le vit s'éloigner, au moment voulu par Dieu, avec le plus vif regret. Et ce qui montre mieux encore quel souvenir vivace il y laissait, c'est la lettre suivante d'une religieuse de la Congrégation de Saint-Joseph, adressée à M. le chanoine Didiot le 19 décembre 1903, à l'heure où il se mourait :

« Très vénéré Père,

» Je vous sais si souffrant que je voudrais qu'il me fût permis d'aller vous dire de vive voix combien toutes nous pensons à vous, et prions ardemment pour vous.

» Daignez du moins, très vénéré Père, vous dont nous n'oublierons jamais la grande bonté et l'incomparable dévouement, recevoir et agréer l'expression de nos sentiments les plus profondément reconnaissants et de notre éternel souvenir devant Dieu, qui seul sait ce que nous vous devons ! ! Qu'il vous garde !

» Nous sommes toutes à vos pieds, très bon Père, vous priant de nous bénir. »

L'abbé Didiot donna sa démission de conservateur de la bibliothèque de la ville, et d'aumônier de la Congrégation de Saint-Joseph de Verdun, le 13 septembre 1877.

Quel était donc l'événement qui déterminait cette retraite? — On ne tardera pas à l'apprendre.

Lacordaire a dit : « Un homme a toujours son heure, il suffit qu'il attende et qu'il ne fasse rien contre la Providence. »

L'heure de M. le chanoine Didiot allait enfin sonner.

CHAPITRE V

M. LE CHANOINE DIDIOT, DOYEN DE LA FACULTÉ DE THÉOLOGIE DE L'UNIVERSITÉ CATHOLIQUE DE LILLE. — SON ENSEIGNEMENT ; SES DISCOURS ET SES ÉCRITS. — SES ŒUVRES DE PIÉTÉ ET DE CHARITÉ.

Dès que la législation sur l'enseignement supérieur le permit, plusieurs de ces hommes au noble cœur, que notre pays compte en si grand nombre, conçurent le projet de fonder à Lille une grande Université catholique. L'archevêque de Cambrai, Mgr Régnier, à qui ils s'adressèrent, les reçut tout d'abord assez froidement, une telle entreprise lui paraissant impossible.

« Humainement parlant, d'ailleurs, le sage et prudent cardinal n'avait pas tout à fait tort de juger ainsi l'œuvre qu'on lui demandait de fonder. D'une part, tant de bâtiments à construire, tant de chaires à établir, tant d'étudiants à trouver et à former ! D'autre part, des temps si difficiles et si menaçants, des charges si lourdes, si promptes à s'accroître et impossibles à prévoir; une province ecclésiastique si complètement réduite au plus petit nombre possible de diocèses ; si peu de faveurs à espérer des hommes officiels et des pouvoirs publics ! Tout cela était à considérer.

» Il y avait sans doute à compter largement sur la fidélité traditionnelle des Flandres et de l'Artois aux institutions catholiques ; sur leur intelligence des grandes choses, et leur habitude des vastes entreprises, sur leur générosité qui n'hésite pas à devenir, quand il le faut, une véritable munificence. Mais il y avait, par contre, à redouter que d'autres œuvres chrétiennes et sociales de première nécessité ne vinssent s'imposer à la France du Nord ; que l'État ne s'empressât de faire, avec les immenses ressources du budget, une concurrence formidable à l'Université libre de Lille ; qu'il ne fermât la porte de ses administrations, l'accès de ses emplois, aux étudiants instruits par des maîtres indépendants et catholiques.

» Enfin les diocèses de Cambrai et d'Arras se voyaient obligés en même temps à fonder de toutes parts des écoles primaires chrétiennes; à consolider et à multiplier leurs collèges ecclésiastiques ; à subventionner leurs séminaires dépouillés des bourses de l'Etat ; à soutenir les évêques et leurs prêtres, dont les ressources et les traitements étaient considérablement diminués; à organiser des œuvres de préservation, de patronage et de charité [1] ».

Pourtant, l'archevêque de Cambrai sentait trop bien la nécessité de rétablir l'antique alliance du savoir humain avec l'infinie sagesse de Dieu pour s'arrêter à ces questions de détail. Les meilleurs esprits souffraient de cette regrettable situation, il fallait y mettre un terme. Il le comprit et il céda.

Grâce aux merveilleux moyens mis en œuvre, et au zèle ardent que les promoteurs du projet et les fidèles s'empressèrent de montrer, on put songer bientôt à préparer au chef-lieu du département du Nord, dans un quartier salubre et tout à fait favorable aux études, un local approprié à l'enseignement supérieur des sciences, des lettres, du droit et de la théologie.

On choisit pour recteur de la nouvelle Université un ancien élève du Collège romain, d'une grande sûreté de doctrine, M. l'abbé Hautcœur. Celui-ci eut pour principal souci de mettre à la tête de la Faculté de théologie un prêtre d'une science solide et d'une vertu consommée. Tout de suite il jeta les yeux sur M. le chanoine Didiot. Il lui écrivait le 15 décembre 1875 :

« On veut que j'aie la direction de la nouvelle Université de Lille ; je suis loin de désirer cette charge : j'en comprends toutes les difficultés ; je sais tout ce qui me manque pour la remplir, même dans des conditions ordinaires et si tout était constitué. Mais s'il le faut, j'accepterai.

» Faut-il vous dire que je compte beaucoup sur vous. Il y a là une magnifique mission à remplir, des hommes de votre valeur ne peuvent lui refuser leur concours. Si tout le monde, en applaudissant au projet, se retirait et nous disait : *Rogo te, habe me excusatum*, je vous le demande, que pourrions-nous faire ?

» Ce qui sera le plus difficile à trouver, incontestablement, ce sera

1. *Les Facultés catholiques de Lille*, par M. le chanoine J. Didiot.

le personnel. Il faut surtout un groupe d'hommes qui puissent diriger et former sérieusement l'esprit de l'Université. Mon rêve serait de former un petit collège de docteurs, vivant ensemble d'une vie vraiment sacerdotale, et travaillant pour l'Église par l'enseignement oral et par l'enseignement écrit. Je voudrais là, pour ainsi dire, une petite Sorbonne romaine, bien romaine. Vous en seriez, dans ma pensée, l'une des pierres fondamentales.

» Peut-être connaissez-vous quelques prêtres, animés du zèle de la science, et offrant d'ailleurs toutes garanties, qui seraient très aises de se joindre à nous. Il y aura des ressources pour fonder une grande institution : ce sont les hommes qu'il faut trouver. Je voudrais en avoir un bon noyau, une solide réserve, alors même qu'on ne pourrait pas les employer tous et tout de suite dans l'enseignement. »

Ce ne fut pas sans hésiter, il faut bien le dire, que l'abbé Didiot accepta. Il lui en coûtait, en effet, de quitter des fonctions aimées et de précieuses relations, « pour entrer dans une carrière inconnue et dans une province assurément très hospitalière, où il serait toujours, bon gré mal gré, un peu à l'état d'étranger ». Mais il comprit qu'il ne pouvait refuser son concours, l'Université catholique lui paraissant être « l'œuvre des œuvres [1]». Il se rendit donc à Lille « n'osant pas cependant y amener sa bibliothèque, craignant de ne pouvoir offrir à ses livres qu'un séjour provisoire et qu'un asile de passage ». Lui-même nous fait connaître ses impressions, dans une lettre intime adressée à sa sœur.

« J'ai reçu, écrit-il, en arrivant ici, l'excellent accueil sur lequel je comptais.

» Lille me plaît beaucoup et conviendra assez, j'espère, à ma santé.

» Je suis allé me recommander, et vous aussi, à Notre-Dame de la Treille. Qu'elle nous soit en aide !

» J'ai toujours le cœur bien serré en pensant à mes occupations abandonnées pour d'autres, si nouvelles, si difficiles, et qui m'étaient devenues si étrangères ; mais je compte que Notre-Seigneur me fera tirer profit de mon sacrifice pour sa gloire.

1. Il était heureux de contribuer au relèvement de l'antique Faculté de théologie de Douai, et fier de reprendre la glorieuse succession de Sylvius et de Richardot.

» Le clergé de Lille et de toute la province ecclésiastique de Cambrai nous est entièrement sympathique ; il y met jusqu'à de l'enthousiasme.

» Je n'ai pas besoin de vous dire quelles excellentes relations j'ai avec Mgr le Recteur. Près du cardinal de Cambrai et de Mgr d'Arras, que j'ai été visiter, j'ai trouvé un bien bon accueil ».

La séance solennelle de rentrée permit à M. le chanoine Didiot de prononcer un éloquent discours, dans lequel il laissait entrevoir ses espérances.

Après avoir rappelé que de vrais savants, qui sont de leur temps et de leur pays, ont affectueusement reçu au milieu d'eux des théologiens convaincus, des défenseurs jaloux de la foi et des traditions catholiques, des tenants déclarés de l'Eglise et du Saint Siège, avec lesquels ils n'ont pas eu de peine à s'unir pour enseigner avec eux, dans une parfaite unité de vues et de paroles, il ajoutait : « Ici, la science sacrée et les sciences profanes ne sont pas seulement juxtaposées. Leurs sillons ne sont pas seulement parallèles ; et quoique, théologiens et savants, nous ayons chacun notre lumière propre, et notre méthode spéciale, nous n'en faisons pas moins une œuvre commune et harmonieuse. Nous n'en formons pas moins une seule armée où nous marchons chacun à notre rang, vers ce but unique de tous nos efforts : « La gloire de Dieu, par le triomphe de son Eglise, et par le salut de la France ! »

Cependant M. le chanoine Didiot éprouvait en ce moment une vive déception. Il avait espéré voir se presser au pied de sa chaire de nombreux étudiants accourus des séminaires de Cambrai et d'Arras, et voici qu'il n'avait pour auditeurs que quelques vicaires des paroisses de Lille !

« Il semble, *écrit l'un d'eux*, que l'on s'était préoccupé beaucoup plus du choix des professeurs que du recrutement des élèves.

» Dès les premiers jours nous étions six, réunis, en attendant mieux, dans une des salles de l'ancienne préfecture.

» M. Didiot fit sur nous une impression profonde. Venus pour voir et pour entendre, sans être envoyés par l'autorité diocésaine, nous nous promîmes de revenir. Nous sentions que nous avions trouvé un vrai maître qui nous faisait connaître la véritable théologie [1].

» Quelle différence avec ce qu'on nous avait enseigné jusque-là ! Il nous semblait sortir de gorges de montagnes sans horizon et presque sans soleil, et nous trouver tout à coup devant une large plaine qui étalait à nos yeux éblouis des paysages lumineux et merveilleux.

» Notre bon maître nous exposa dans de larges synthèses les théories de la grâce et de l'ordre surnaturel et avec une profondeur que nous n'oublierons jamais. Ces leçons furent regardées comme un véritable triomphe. »

M. le chanoine Didiot écrivait alors : « Je suis maintenant bien occupé. On m'a imposé la présidence de neuf ou dix sociétés d'enseignement, de presse, de propagande, d'art chrétien. En même temps je réorganise notre *Revue des sciences ecclésiastiques*, et j'y écris beaucoup. Les événements m'apportent un surcroît de travail, mais j'ai du moins la consolation de manger mon pain à la sueur de mon front. »

La mort du pape Pie IX, survenue sur ces entrefaites, lui causa un vif chagrin. Il écrivait le 28 février 1878 :

« Ma chère Alix,

» C'est une grande douleur pour moi que de n'avoir plus Pie IX sur la terre, mais c'est aussi une *grande joie* que de le savoir dans le repos, dans la paix, dans la récompense. Je souffrais pour lui, pour mon bien-aimé père, de le voir au milieu de ces misères et de ces mensonges d'ici-bas, que je trouve moi-même absolument répugnants. Avec joie aussi, j'ai salué Léon XIII à qui ma vie appartient désormais sur la terre. Il l'aura s'il plaît à Dieu. »

Il ajoutait : « Le décanat est un fardeau : Je le devinais, et je le sais d'expérience maintenant. L'organisation d'une faculté naissante

---

1. « On devenait meilleur à mesure qu'on se laissait imprégner davantage de cette science si surnaturelle. Nous sentions que nous travaillions *sub lumine fidei*, sur Dieu et les choses divines, et nos satisfactions intellectuelles, parfois intenses, étaient profitables, non seulement à notre science, mais aussi à notre ministère apostolique. »

n'est pas un jeu, et puis le doyen est en même temps professeur, ce qui n'est pas davantage un amusement ici. Pourtant tout va bien, même ma santé qui n'est pas pire qu'à Verdun ; or, vous savez que ma bonne mine m'attirait là-bas des jalousies. »

La vie de retraite qu'avait menée M. Didiot l'avait formé à la pratique du dévouement et il allait avoir l'occasion de le déployer tout entier [1]. On faisait appel à lui pour prêcher dans les paroisses ou dans les chapelles de communautés, pour diriger des congrès, pour présider des distributions de prix ! Il se rendait au premier appel, sans se plaindre de la fatigue ni de la multiplicité de ses occupations. Les besognes les plus humbles ne le rebutaient pas, et ce fut un beau spectacle de voir cet homme éminent, ce professeur de Faculté accepter de faire passer les examens de catéchisme aux petits Lillois élevés dans leur famille et qui allaient chaque semaine apprendre la doctrine chrétienne chez les religieuses du Cénacle. Il appelait familièrement la réunion de ces enfants de huit à dix ans : *sa petite Université*.

Désireux d'exciter et de développer dans le clergé l'amour des sciences sacrées, et le zèle des études ecclésiastiques et vraiment romaines, M. Didiot insistait auprès des évêques protecteurs de l'Université catholique « sur la nécessité qui s'imposait de constituer un très solide *état-major* intellectuel, capable de haute philosophie et de théologie même sublime ». Nous avons besoin, disait-il, de jeunes gens qui fassent des études sérieuses et complètes et qui suivent avec succès des cours très doctes dans les facultés de philosophie, de droit canonique et de théologie. Le sacerdoce sera dès lors plus honoré et plus écouté des peuples. Et le jour où l'on saura, parmi les classes sociales élevées et les familles distinguées, que ce recrutement existe, que cette instruction se donne, que ce mouve-

1. « Mes occupations ne font que croître et embellir dans ce beau pays de Lille, où certes je ne suis pas venu me reposer. La fin de l'année a son surcroît de travail, surtout à cause des règlements, des programmes, des examens à faire passer, des candidatures à poser et à juger, des négociations à conduire pour recruter notre personnel enseignant, des maisons à organiser pour nos élèves...

» Recommandez à notre Seigneur mes intérêts de toute nature, ceux de mon âme surtout qui sont grands, et doivent passer avant tout les autres. » — *Lettre à Mme Alix Didiot.*

ment scientifique aboutit à de grands résultats dans l'Église, il y aura des vocations sacerdotales de choix. Si le haut clergé consentait à prendre la tête de ce mouvement scientifique, il accomplirait une des choses les plus utiles qui se puisse faire pour l'Église de France [1].

Le 1er décembre 1878 eut lieu l'assemblée générale des catholiques du Nord et du Pas-de-Calais. M. Didiot y donna lecture d'un beau *Rapport sur la propagation des enseignements pontificaux*. Il y glorifiait Pie IX et Léon XIII. « A la société civile et domestique, dit-il, qui n'en peut plus, il faut donner le vin généreux de la vérité surnaturelle, de la parole pontificale. Aux sciences humaines qui s'égarent dans le vide et dans les ténèbres, il faut rendre le soleil de la foi, le phare de la théologie, la main conductrice de la sainte Église romaine. Si nous ne voulons pas le faire, le monde est certainement perdu.

» Dieu ne veut pas que nous en arrivions là. Ne voyez-vous pas en effet, Messieurs, l'extraordinaire abondance de vérités, de lumières, de paroles divines, de directions pontificales que Dieu a mises à notre disposition ? Le règne glorieux de Pie IX n'a été qu'une succession continue de ces grâces vivifiantes, qu'un flot perpétuel de ces splendeurs. Nous avons eu ces encycliques, ces lettres apostoliques, ces énergiques allocutions, ce Syllabus, ce concile enfin dont tant de siècles ont été privés et que tant d'autres nous envieront, si le nôtre n'est pas le dernier. Et tout fait présager que le pontificat de Léon XIII ne sera ni moins lumineux, ni moins doctrinal.

» Déjà plus d'une fois nous avons retrouvé, dans le nouveau Pape, l'ancien cardinal de Pérouse, si docte, si laborieux, si intelligent des besoins de son temps ; mais nous l'avons retrouvé investi d'une autorité et d'une force incomparablement plus grandes. Dieu n'a pas encore désespéré de nos intelligences, puisqu'il leur ménage tant de

---

1. « S'il y avait autrefois chez nous, disait-il encore, un clergé d'études supérieures et de formation aristocratique, comme il en existe encore un presque partout dans les vieux pays catholiques d'Europe, nous avons bien changé tout cela en France, et fort démocratisé nos cadres. On s'est contenté de peu dans le ministère sacerdotal ; et presque tout le monde a pu fournir ce peu, réussir dans cette action diminuée et obtenir cette influence médiocre, cette estime de complaisance, auxquelles s'est bornée la sainte ambition de beaucoup trop d'excellents prêtres.... »

ressources ; il ne nous a pas encore abandonnés à un aveuglement irrémédiable, puisqu'il fait tomber sur nous de tels rayons. Le monde, la France lui sont chers encore, puisqu'il leur parle un tel langage. »

Et M. le chanoine Didiot montrait la nécessité de propager les documents pontificaux : « Rien ne nous manque, ajoutait-il, de la part de Dieu, pour cette nécessaire restauration que le christianisme a faite de toutes choses « instaurans omnia in Christo », et que, par lui, nous voulons faire nous-mêmes des choses de notre temps. Que rien donc ne manque non plus, de notre part, à cette grande œuvre ! Nous sommes organisés ; nous avons des presses, des journaux, des revues, eh bien, entreprenons maintenant la propagande des documents pontificaux. »

A la même époque, son amour pour la divine Eucharistie inspirait à M. Didiot la création des « *Oblats du Saint-Sacrement.* » C'était, au début, une association de Lillois [1] comprenant une vingtaine de membres, ecclésiastiques et laïques, qui se réunissaient chaque mois le soir, à huit heures, dans une maison des Frères de la doctrine chrétienne [2]. Ils se proposaient de « progresser dans la vie intérieure et dans la dévotion au Saint-Sacrement afin d'être plus forts, plus doux et plus patients dans les entreprises et les luttes de la vie. » C'étaient, comme on l'a dit, les zélateurs en titre du Saint-Sacrement.

En 1879, M. le chanoine Didiot fut chargé de prêcher le carême aux étudiants de l'Université. Il fit sur ses auditeurs une profonde impression. Il en profita pour établir parmi ces jeunes gens l'habitude de la communion fréquente et des communions réparatrices.

Il ne fallait rien moins que les ardeurs de l'été pour arracher le savant professeur à ses travaux et à sa solitude. Alors il quittait Lille, et dans d'intéressantes excursions oubliait ses fatigues en goûtant les douces joies qui naissent du devoir accompli. C'est ce que nous apprennent les lignes suivantes qu'il écrivait à sa sœur le 6 juillet 1879 :

1. Quelques années plus tard M. le chanoine Didiot établissait à Tourcoing une association du même genre qui est maintenant encore florissante.

2. Pour toutes ses œuvres de piété et de charité, M. le chanoine Didiot trouva deux collaborateurs intelligents et dévoués : M. Vrau et M. Champeaux.

« Ma chère Alix,

» Je ne vais pas mal dans cette fournaise de Lille. Je m'en échappe bien aussi quelquefois pour une journée, allant explorer ce que je ne connais pas encore de la Belgique. Jeudi je vais à Bruges et à Blankenberg. Je suis allé dans ces derniers temps à Tournai, à Courtrai, à Ypres, où j'ai été rendre visite à cet affreux Jansénius. Exhumé de la cathédrale, il est enterré dans le cloître de son évêché, devenu un petit couvent de pauvres clarisses. J'ai voulu voir ce cloître, et la bonne sœur tourière m'a fait jucher sur une échelle pour regarder, par une lucarne, le coin de ce malheureux Jansénius, qui *revient*, dit-elle, presque toutes les nuits. Mais avant de me laisser grimper à l'échelle, elle avait pris soin de chasser d'un ton et d'un flamand très énergique une bonne sœur Aloysia qui faisait la lessive au milieu du cloître. Bast! à peine étudiais-je le terrain que sœur Aloysia revenait à sa besogne. Je ne l'ai, bien entendu, ni dénoncée à la tourière, ni expulsée en *flamand*, et je l'ai laissée tripoter à son aise, sans qu'elle se doutât d'avoir un tel témoin. Voilà que je bavarde et je n'en ai pas le temps...

» Votre très tendrement dévoué. »

Trois ans s'étaient écoulés, et la jeune Université commençait à prendre un vigoureux essor, lorsqu'un projet de loi présenté par le ministre de l'instruction publique menaça son existence.

Comprenant, en effet, que pour conserver la direction de l'opinion publique, le meilleur moyen et le plus sûr était d'exciter les passions anticléricales, les républicains arrivés au pouvoir avaient déclaré qu'il fallait défendre l'indépendance de l'esprit humain contre la tyrannie du Syllabus, et protéger les immortelles conquêtes de la Révolution contre le retour du drapeau blanc et des jésuites. Ils se proposaient aussi, en supprimant la liberté de l'enseignement à tous les degrés, d'établir du même coup l'unité morale de la France, qu'une loi malheureuse avait, selon eux, imprudemment détruite.

Le conseil d'administration de l'Université catholique de Lille ne pouvait rester indifférent à ces attaques ; aussi s'empressa-t-il d'adresser une énergique protestation, « au sujet des mesures projetées contre la liberté d'enseignement. »

De son côté à la rentrée solennelle, Mgr le Recteur, faisant allusion aux obstacles que l'on voulait élever contre l'œuvre de restauration entreprise par les universités catholiques, s'exprimait ainsi : « Avec la protection de Dieu, qui se montre d'une façon si manifeste dans l'histoire de nos origines ; avec l'appui si ferme et si paternel de nos évêques ; avec le concours si dévoué du peuple chrétien et de toutes les notabilités catholiques du pays, la grande institution dont nous sommes les humbles ministres n'a rien à redouter. Elle est comme ces arbres qui croissent sur les hauteurs, et qui, agités, courbés, pliés dans tous les sens par les orages, relèvent fièrement la tête, et enfoncent leurs racines plus avant dans le sol. Les tempêtes passent, et eux bravent les siècles. » C'était un beau langage.

Après lui, M. le chanoine Didiot prit la parole : « Nous reprendrons demain, dit-il, nos leçons de théologie, avec une paix et une confiance absolues...

» A notre collège théologique, il appartiendra, s'il plaît à Dieu, de réaliser dans une large mesure les desseins du siège apostolique pour la restauration des bonnes études, de la saine philosophie, de la théologie traditionnelle, de la raison humaine elle-même. En écoutant dernièrement l'incomparable parole de Léon XIII, en méditant ses enseignements sur les principes à adopter, et sur la méthode à suivre pour reconstituer la science dont nous n'avons plus guère que l'ombre, nous éprouvions la vive consolation d'avoir pressenti et prévenu par nos actes les ordres du Pontife suprême. Depuis longtemps nous demandions un retour complet aux doctrines de saint Thomas d'Aquin ; nous avions travaillé à faire connaître sa vie et ses œuvres ; nos cours s'étaient ouverts sous son patronage ; et déjà l'habitude était prise parmi nous de le louer solennellement au jour de sa fête, dans la langue même de la *Somme* et de la *Chaîne d'or*. L'appel de Léon XIII trouve donc en nous des soldats tout prêts, tout armés et engagés dans la lutte... Pie IX avait daigné nous montrer qu'il comptait sur nous ; nous savons que son glorieux successeur nous accorde un semblable honneur et une pareille confiance ; et si, au dire du poète italien, le Christ lui-même est devenu Romain en établissant son vicaire à Rome, nous aussi nous sommes Romains à la vie et à la mort pour l'amour de Jésus-Christ et de saint Pierre... »

Et il terminait ainsi : « Nous travaillerons, Messieurs, de toute façon et dans toutes les directions ; et notre application à l'étude de Dieu et des choses divines sera assez forte, pour nous empêcher sinon d'entendre le bruit de nos ennemis, du moins de nous en troubler. Un problème de géométrie suffisait pour cela au Sicilien Archimède. La théologie de l'esprit et du cœur a un attrait et un charme plus puissants ; et, tandis que nous veillerons pour Dieu, Dieu veillera sur nous et il détournera de notre Collège théologique, de notre Université tout entière, l'épée qui frappa le géomètre de Syracuse et qui menace aujourd'hui l'enseignement libre et chrétien. »

Grâce à Dieu, le Sénat se montra plus sage que la Chambre des députés. C'était une condamnation à mort que la loi prononçait sans franchise contre l'enseignement supérieur libre. La loi amendée par le Sénat lui infligea sans doute des mutilations, mais lui laissa la vie. On interdit seulement aux Facultés libres de prendre le nom d'Université, on supprima le jury mixte et l'on rendit gratuites les inscriptions [1].

A l'occasion de ces douloureux événements, M. le chanoine Didiot écrivait à sa sœur le 18 mars 1880 : « Nous faisons demain notre fête patronale, ce sera sans doute le dernier jour où nous aurons le titre d'*Université*, mais qu'est-ce qu'un titre si l'on garde la chose, et nous voulons la bien garder. »

Le 29 avril, il lui disait encore : « Nous avons eu la visite de Ferry à Lille et beaucoup de tumulte à cette occasion. Nos jeunes catholiques, ingouvernables, ont voulu à tout prix manifester et la lutte a été chaude. Cela organise le parti catholique, et c'est un grand point de gagné pour nous.

Il ajoutait : « Après-demain, sacre de mon curé, élu évêque de Beauvais. Il y aura une dizaine de prélats. Le dimanche, grande fête au collège catholique de Marcq où le nouvel évêque a été professeur. J'y ai accepté une invitation, mais je suis homme à rester chez moi... »

---

1. « Le nom d'Université nous était justement cher ; pour nous catholiques, c'était un nom de famille : l'Église l'avait fait si grand dès le vieux moyen âge ! Par la loi du 18 mars 1880, il nous fut enlevé. Un siège était accordé à un de nos professeurs dans un jury mixte constitué pour l'examen officiel de nos élèves : c'était bien le minimum d'équité auquel pût prétendre une Faculté appelée libre, et cependant privée de la collation des grades. En vertu de la même loi, cet humble siège nous fut ravi. Le monopole allait ainsi retrouver ses beaux jours. » Mgr Baunard, Discours de rentrée.

Cette même année, le diocèse de Cambrai eut la douleur de perdre son archevêque, le pieux et savant cardinal Regnier. Quelques jours avant sa mort, M. le chanoine Didiot avait l'insigne honneur d'accompagner auprès de lui, dans une suprême visite d'adieu, Mgr Mermillod qui venait de prêcher la retraite annuelle des étudiants. C'était tout à la fois une consolation et une tristesse. Voici en quels termes émus il fait le récit de cette touchante entrevue :

« L'illustre mourant, toujours souriant et debout, même après la réception des derniers sacrements, nous conduisit dans son humble cabinet de travail, vraie cellule de séminariste, dont il avait lui-même fait pour ainsi dire la toilette de deuil. Tous les dossiers y étaient clos, tous les registres et les livres soigneusement rangés. Une seule feuille de papier était placée sur le bureau : le cardinal écrivait pour MM. les futurs Vicaires capitulaires un projet de mandement qu'ils n'auraient qu'à développer à l'approche du carême suivant. Nous avions les larmes aux yeux. Le grand Archevêque s'en aperçut... Pourquoi pleurer, nous dit-il ? Je m'en vais, et vous perdez sans doute un de vos plus dévoués protecteurs. Mais n'ayez pas peur, d'autres me remplaceront, vous aimeront, vous défendront. Je m'en vais, et justement je veux vous charger d'une mission auprès des amis et des membres de cette chère Université. Dites-leur, si jamais ils avaient — ce qui est fort probable — des sujets de crainte pour elle, dites-leur : « Le cardinal ne veut pas que vous ayez peur ! Quoi qu'il arrive, moi, vieil évêque, né en pleine Révolution française, ayant passé ma longue existence au milieu d'autres révolutions, je vous défends d'avoir peur ! Et je vous bénis, je les bénis tous, d'une bénédiction préservatrice de toute peur. »

M. le chanoine Didiot écrivait le lendemain à sa sœur : « Notre bon cardinal est mourant. Je suis allé lui faire mes adieux. Comment s'affliger à la pensée qu'un si bon lutteur va enfin se reposer loin de nos dégoûtantes affaires d'ici-bas, oh ! de très bas ».

La rentrée solennelle des Facultés catholiques de Lille eut lieu le 4 novembre 1880. A l'issue de la messe, le doyen du collège théologique prononça, au nom du corps enseignant, la formule de profession de foi. La séance publique s'ouvrit à deux heures et demie, dans la grande salle du cercle Saint-Augustin. Après un discours de Mgr le Recteur, la parole fut donnée à M. le chanoine Didiot.

« L'histoire de notre collège théologique, dit-il, pendant la dernière année scolaire, est très simple et des plus faciles à raconter. D'abord, et grâce au Ciel, les tristes événements dont toutes les Facultés catholiques de France ont été, tour à tour, les victimes et les témoins, n'ont pas troublé chez nous la paix si nécessaire aux travaux et aux leçons de la théologie. Le trouble, qui est l'ennemi mortel de toute science et de toute littérature, est particulièrement redoutable à la science sacrée, à l'étude des lettres divines. Car Dieu est si grand, sa parole si haute, sa vérité si profonde, que, pour les entendre comme il convient, l'âme humaine doit y prêter toute son attention et y consacrer tous ses efforts qui, même alors, sont et peuvent si peu de chose... Jusqu'ici, nous avons donc paisiblement étudié et paisiblement professé. Peut-être même ne me tromperais-je pas en disant que l'incroyable fragilité et la mobilité extrême de bien des choses et de bien des personnes, assez basses et assez laides de ce temps, nous inspiraient un goût plus décidé, un amour plus ardent pour l'objet adorable de la science que nous cultivons, pour cette immuable Bonté que rien n'altère, pour cette Lumière infinie qui ne sait ni s'obscurcir ni vaciller un seul instant...

» Souvent nous nous sommes rappelé ce glorieux philosophe et théologien, Boèce, qui avait été consul et qui attendait le martyre en écrivant dans sa prison ses admirables livres *de Consolatione Philosophiae*, mille fois plus consolé par la philosophie chrétienne qu'il n'avait pu l'être par les honneurs et les joies du consulat. Lorsque la terre tremble, c'est vers le ciel que se tournent le cœur et les regards. Qu'on multiplie donc les blasphèmes contre Dieu, qu'on redouble les assauts contre l'Eglise, qu'on se raille avec fureur de nos dogmes sacrés, on ne réussira qu'à multiplier les théologiens et à redoubler leur amour pour la théologie. Le plus habile moyen de le leur faire perdre, s'il était possible, serait justement de leur rendre aimable et facile la vie présente, de faire couler pour eux sur la terre le lait et le miel. Ce n'est pas à quoi l'on pense, Messieurs, il s'en faut de beaucoup, et cela, joint au souffle tout-puissant de Dieu, nous promet certainement, à bref délai, une brillante renaissance de la science théologique... » Et il terminait en ces termes : « Si la bouche devait nous être fermée en un jour de malheur, si la voix de la sainte théologie ne devait plus retentir à Lille, si tant de bienfaits et de soins que vous lui avez prodigués devaient être inutiles ; si nos travaux demeuraient interrompus et notre œuvre inachevée, il nous resterait quand même la consolation d'avoir entrepris avec vous, Messieurs, l'une des plus grandes choses de ce siècle, encore bien que ruinée ; il nous resterait, devant Dieu, le mérite de notre douleur et de notre bonne volonté ; il nous resterait enfin, dans votre cœur, et dans celui de vos enfants, l'impérissable sentiment d'une affection qui va croissant avec les années, avec les épreuves, avec les périls ; d'une affection sur laquelle, après la grâce divine, s'appuient plus que jamais et notre espérance et notre courage. »

A cette même époque, le doyen de la Faculté de théologie prononçait un remarquable discours à l'ouverture du Congrès sur « l'excommunication. » Jamais plus grave question ne fut traitée avec plus d'autorité, de justesse et d'éloquence. L'orateur montrait qu'un seul devoir s'impose aux excommuniés : celui de revenir à l'Eglise et de réparer, par une expiation publique, le scandale qu'ils ont donné.

Quelques jours après il écrivait à Madame Alix Didiot : « Je suis très satisfait puisque je suis évidemment là où Notre-Seigneur me veut, et que je veux faire moi-même ce qu'il attend de moi. Puissé-je seulement le savoir toujours clairement!.. Depuis le congrès je suis un peu moins surchargé, mais je vois bien que le beau temps est passé, où je pouvais m'appartenir. Toutefois je reconnais qu'appartenir à Dieu et au prochain vaut mille fois mieux encore. Priez bien pour moi, devant qui *la porte est large ouverte*, comme disait saint Paul. Que je puisse y passer d'un cœur joyeux et généreux ».

A l'éminent cardinal Régnier avait succédé sur le siège de Fénelon Mgr Duquesnay, prélat courageux et énergique que le diocèse de Cambrai devait hélas ! bientôt pleurer. Envoyé à l'archevêché pour les affaires de l'Université, M. Didiot reçut de lui un excellent accueil. L'archevêque l'assura de sa sympathie « la plus tendre » et il en eut bientôt la preuve. Déjà chanoine de Bayeux et de Verdun [1], M. Didiot fut nommé chanoine de Cambrai. A l'unani-

1. Lorsque Mgr Hacquard célébra les fêtes magnifiques de son jubilé sacerdotal, il nomma chanoines de sa cathédrale MM. Renard, Frizon et Didiot. Ces nominations furent bien accueillies du clergé. On y voyait la juste réhabilitation des professeurs révoqués après le Concile.

mité, les étudiants de la Faculté de théologie décidèrent de lui offrir une croix d'or comme gage de leur gratitude et de leur filiale affection. Ce jour-là l'un d'entre eux, prenant la parole, s'exprima en ces termes :

« Vous avez consenti, Monsieur le Doyen, à quitter votre bien-aimée Lorraine pour venir dans nos froides et brumeuses régions mettre au service de l'œuvre naissante de notre Université catholique les lumières de votre intelligence, les ressources de votre cœur et de votre foi. Vous savez bien que, dès les premiers jours, les élèves qui se réunirent autour de votre chaire vous firent tout aussitôt dans leur affection, dans leur dévouement — vous défendez de dire dans leur admiration — vous firent une patrie nouvelle en échange de celle que vous aviez abandonnée pour nous.

» Cette affection que vous avez dès l'abord obtenue n'a cessé de croître, et aujourd'hui qu'il a plu à la haute sagesse de Mgr l'Archevêque de Cambrai de vous attacher par un lien nouveau à cette province ecclésiastique, et de témoigner combien réellement vous êtes à nous, vos fils ont voulu vous entourer et applaudir unanimement à une distinction si glorieusement méritée. Ils ont voulu en saluant dans votre personne celui que Mgr de Cambrai a cru devoir honorer lui-même, vous remercier sans doute d'avoir pour eux renoncé aux études calmes et douces d'autrefois ; ils ont voulu rendre hautement témoignage à ce précieux et inestimable bienfait d'un enseignement théologique empreint d'élévation, de chaleur et de clarté ; c'est près de vous, en effet, qu'ils ont trouvé dans l'étude attentive des choses de Dieu, à la sereine lumière de Dieu, plus de charmes et de joies qu'on n'en trouve dans les sciences humaines les plus curieuses et les plus vantées.

» Et pourtant, Monsieur le Doyen, sans méconnaître dans le cœur de vos élèves aucun de ces motifs, il me semble que leur pensée et leur reconnaissance ont porté à la fois plus haut et plus loin. Notre dessein aujourd'hui, en vous priant d'agréer ce faible gage de notre filiale affection, a été avant toute chose de rendre hommage au caractère vraiment surnaturel de l'enseignement que nous avons reçu de vos lèvres. Près de vous, nous nous sommes sentis grandir comme prêtres et comme chrétiens ; près de vous, nous avons mieux compris les réalités de la vie surnaturelle ; près de vous, nous avons appris à connaître et à aimer davantage et l'Eglise de Dieu, et le Fils de Dieu,

Notre-Seigneur Jésus-Christ. Ce que nous vous devons de ce chef, Monsieur le Doyen, nous ne l'acquitterons qu'en enseignant aux autres ce que nous avons appris de vous. Votre bonté nous permettra de vous demander, pour tous ceux que vous avez formés et qui sont à vous, une place dans votre souvenir et dans votre affection ».

Monsieur le chanoine Didiot, visiblement ému, répondit à peu près ainsi :

« C'est un jour d'or, mes chers amis, que celui qui vous rassemble ici dans une même pensée et un même sentiment. *Auream diem beatis irrigavit ignibus.* C'est un jour d'or succédant à tant d'autres où avec cette grande bienveillance et cette attention affectueuse que vous inspirent vos intelligences et vos cœurs d'or, *mentes aureae*, vous êtes venus recevoir de moi un enseignement peut-être bien lourd et bien vulgaire, comme le *plomb vil* dont parle le poète, mais heureusement changé par vous en *or pur.* Car je ne m'y trompe pas : si mon enseignement a pu vous plaire, ce n'est point par de séduisantes nouveautés, mais par le caractère surnaturel que je me suis efforcé de lui imprimer. C'est ce sceau divin que vos âmes sacerdotales ont reconnu, parce qu'il est celui du Fils de Dieu et de son éternelle vérité : *Sigillum aureum.*

» C'est cette doctrine théologique tout imprégnée de surnaturel, que nous nous efforcerons de propager partout. Elle répond aux nécessités les plus pressantes et les plus évidentes de la société actuelle, comme vous me dites qu'elle a répondu à l'attente de vos esprits avides de science et de vos cœurs passionnés pour la vérité. »

Le temps était venu où le gouvernement français, au mépris de tous les droits, expulsait, par d'iniques décrets, les religieux de leurs maisons, forçait les portes des couvents, fermait les chapelles des communautés et dispersait hors des collèges de jeunes enfants dont le seul crime était de recevoir, dans une école libre, un enseignement chrétien. Témoin attristé de ces violences, le doyen de la Faculté de théologie, à la séance de rentrée du 10 novembre 1881, s'élevait en termes indignés contre les hommes qui égorgeaient ainsi la liberté, et il prononçait ces éloquentes paroles : « Que voulons-nous, catholiques français ? Ah ! rendre à la France une âme chrétienne, une âme aimant et adorant le Christ adorable, qui aime les Francs ! Une patrie sans âme, une nation sans vie, un peuple blessé au cœur par le fer de la Révolution : qui d'entre nous s'y résignerait ? O Dieu de Clovis, Dieu de Tolbiac et de Reims, rendez-nous l'âme de la France baptisée, l'âme de nos pères les croisés de Rome et de Jérusalem, l'âme enfin de notre âme ! »

Les hautes fonctions qui incombaient à M. Didiot ne l'empêchaient pas de s'occuper de confession et de direction. C'était là surtout que l'on pouvait apprécier les rares qualités de cœur et d'esprit qui l'animaient. Une religieuse qui avait le bonheur de recevoir ses avis et ses conseils lui écrivait alors :

« Très vénéré Père,

» Que Dieu soit béni, et qu'Il vous bénisse de plus en plus pour le pain spirituel que vous m'avez donné jusqu'ici ! Puisse-t-il permettre qu'il en soit ainsi jusqu'à ma dernière heure.

» Soyez aujourd'hui et soyez toujours le saint François de Sales de notre communauté. Il le faut, car il nous est impossible maintenant de marcher sans vous.

» Vous faites de notre Révérende Mère une sainte Chantal. Encore une fois que Dieu soit béni !

» Pour moi, je vous remercie de tout mon pauvre cœur pour le bien immense que vous avez fait à mon âme. Grâce à vous je me trouve toute changée, et je veux travailler sans relâche pour arriver à cette perfection que vous m'avez mise sous les yeux. Je suis prête à m'abandonner entièrement à la volonté du bon Dieu.

» Toutes nos sœurs vont bien et prient pour vous. »

Ajoutons que la petite communauté des Oblats du Sacré-Cœur trouva en M. Didiot un directeur spirituel aussi sage que bienveillant.

Avant d'entendre les confessions il adressait aux religieux, ses pénitents, une pieuse allocution. Le plus souvent il prenait comme sujet la préparation au sacerdoce, et dans ces instructions il mettait tout son cœur. C'est lui aussi qui faisait subir aux jeunes Pères les examens d'ordination ; Mgr l'archevêque de Cambrai, et Mgr l'évêque de Soissons s'en rapportaient à son témoignage.

Il apprenait encore à ces jeunes gens à aimer les sciences ecclésiastiques et il savait leur inspirer l'amour du travail.

Le 15 novembre 1883 eut lieu la séance solennelle de rentrée des Facultés catholiques. Elle fut présidée par Mgr Duquesnay, ayant à ses côtés Mgr l'évêque d'Arras, et Mgr de Lydda, chancelier de l'Université. Après un discours prononcé par Mgr le Recteur, M. le chanoine J. Didiot commenta très heureusement dans son intéressant rapport ces mots du psalmiste qu'il appliquait au collège théologique de Lille : « *Ego autem sicut oliva fructifera in domo Dei, speravi in misericordia Dei in æternum.* Pour moi, comme un olivier fructifiant dans la maison du Seigneur, j'ai espéré en la miséricorde de Dieu pour toujours. » Oui, ajouta-t-il, nous espérerons éternellement en cette miséricorde qui nous a déjà si maternellement protégés jusqu'aujourd'hui. Et cet olivier qu'elle a daigné planter en sa maison bénie s'y enracinera de plus en plus, et y deviendra de jour en jour plus fertile. Saint Bernard dit que la liqueur fournie par l'olive est tout ensemble lumière, nourriture et remède « lux, cibus, medicina. » Puisse donc notre enseignement être aussi un rayon de la lumière divine au milieu des ténèbres de ce siècle, un pain de vie pour tant d'âmes affamées, un baume qui adoucisse et cicatrise tant de blessures morales ! »

Peu après, le doyen de la Faculté de théologie publia un petit ouvrage qui devait dans sa pensée être fort utile, pour battre en brèche les manuels d'instruction civique inspirés par l'esprit jacobin. Il l'intitula modestement *Principes de morale catholique* [1]. C'est un traité élémentaire, destiné aux écoles primaires du diocèse de Cambrai. L'auteur y montrait que la morale civique si fort en honneur dans les écoles publiques, n'a aucune valeur si elle s'écarte de la morale de l'Évangile, et que la vraie morale ne diffère pas de celle du catéchisme. Lorsqu'un enfant, disait-il, sait bien son catéchisme et le comprend, il sait plus et d'une manière beaucoup plus sûre que tout ce que les plus célèbres philosophes de l'antiquité ont pu découvrir. La raison et la foi procèdent en effet du même principe de lumière, Dieu, et ne peuvent se trouver en contradiction. Seulement la morale rationnelle diffère de la morale surnaturelle par les procédés d'exposition.

1. « Quelle belle et bonne action, lui écrivait-on, que ce travail sans précédent ! — Nos maîtres dans les écoles sauront où puiser la saine doctrine et ils trouveront en même temps un guide qui les dirigera dans leur enseignement. »

Le 29 juin 1884 M. Didiot écrivait à son excellente sœur : « J'ai en ce moment quelque souci au sujet de la santé de Mgr l'archevêque, qui s'est épuisé dans des confirmations et des prédications sans mesure. Il se repose à Cambrai et reprend péniblement sa vive allure. » Ces prévisions étaient malheureusement fondées et quelques semaines plus tard Mgr Duquesnay s'endormait dans la paix du Seigneur.

La séance solennelle de rentrée des Facultés catholiques de Lille eut lieu le 6 novembre 1884 [1] sous la présidence de Mgr Langénieux, archevêque de Reims. Après un brillant et éloquent discours prononcé par Mgr Hautcœur, M. le chanoine Didiot fit son rapport annuel. Il exprima d'abord ses regrets au sujet de la mort prématurée de Mgr l'archevêque de Cambrai, puis il remercia Mgr l'archevêque de Reims d'avoir accepté de présider cette fête de famille. Et, après avoir rendu compte des travaux des professeurs et du résultat des examens de l'année, il ajouta : « Et maintenant nous voici engagés dans une année nouvelle ; c'est la huitième de notre établissement. A vrai dire nous sommes quelque peu surpris d'avoir déjà tant existé, et quand nous repassons en esprit les difficultés extrêmes, au milieu desquelles il nous a fallu devenir ce que nous sommes, nous sentons notre confiance s'accroître en face de l'avenir et nous reconnaissons clairement quelle adorable main nous dirige et nous protège. » Il terminait en ces termes : « Notre œuvre subsistera tant qu'elle servira fidèlement et uniquement Dieu, l'Église et les âmes. Elle subsistera tant qu'il y aura des catholiques courageux et généreux à Lille, c'est-à-dire toujours ! »

Cependant l'Université catholique subissait en ce moment une crise redoutable. Il n'était pas facile en effet de soutenir une œuvre aussi considérable sans autres ressources que celles provenant de la charité catholique. Aussi le nouvel archevêque de Cambrai, Mgr Hasley, sans être hostile à la grande œuvre qu'avaient fondée ou

---

1. A la même date, M. Didiot disait à un de ses anciens élèves qui allait faire un séjour à Rome : « Quand vous irez à Saint-Pierre, souvenez-vous que j'ai laissé au moins la moitié de mes lèvres et de mon front au pied de la statue de l'apôtre, et les trois quarts de mon cœur sur le marbre de sa confession. Vous êtes bien sûr de me retrouver là, quand il vous plaira, dans l'*urgente charité* de Notre-Seigneur et de sainte Église. »

soutenue ses prédécesseurs, ne se montrait-il pas très favorable. Un moment on put craindre de voir disparaître la Faculté de théologie.

La Providence divine, toujours infiniment miséricordieuse, tira heureusement d'embarras les protecteurs et les administrateurs de l'Université catholique. L'argent vint à souhait, gracieusement offert par de généreux donateurs. Mais pendant quelques années les étudiants furent peu nombreux à la Faculté de théologie et M. Didiot perdit définitivement son titre et ses fonctions de doyen. Il eut pour successeur M. le chanoine Moureau, docteur en philosophie, en théologie et en droit canon, qui sut mériter à son tour l'estime et l'affection unanimes.

M. le chanoine Didiot trouvait d'ailleurs une magnifique compensation dans la direction qui lui était confiée des Congrès eucharistiques. Lille, Avignon, Liége, Fribourg, Anvers, l'entendirent tour à tour [1]. Ceux qui prirent part à ces pieuses réunions en gardèrent un inoubliable souvenir. Ils y connurent « le bonheur de saint Jean, reposant au cénacle, sur le sein de son Maître, le bonheur des disciples d'Emmaüs, dont les paroles de Jésus et la fraction du pain mystique embrasaient le cœur, le bonheur de sa présence réelle et substantielle, le bonheur de vivre près de Lui, avec Lui, exclusivement pour Lui, le bonheur de souffrir et d'expier, de travailler et de pleurer pour Lui, le bonheur surtout de l'aimer, Lui, et rien que Lui ! »

De tous ces Congrès qu'il fut chargé de présider, celui d'Avignon surtout causa à M. Didiot d'ineffables joies.

On y avait organisé un triomphe incomparable au divin roi Jésus dans le vaste collège Saint-Joseph. Là accouraient chaque jour en pèlerinage, parfois de très loin, de l'aurore à la nuit close, les paroisses voisines. Les fidèles communiaient en foule, adoraient le Très-Saint-Sacrement perpétuellement exposé, et chantaient avec

---

1. Une pieuse personne lui écrivait : « J'ai reçu avec une extrême joie et une vive reconnaissance votre discours du 18 août au Congrès Eucharistique d'Anvers. Tout mon cœur a tressailli de bonheur, d'amour et d'espérance, en lisant ces lignes qui répandent, comme le foyer eucharistique d'où elles émanent, la lumière, la chaleur et la vie ! Oh ! que Dieu en soit béni, car, je retrouve en elles un écho fidèle de la parole enflammée du Père vénéré, qui, il y a 20 ans, dans l'humble chapelle du Carmel de Rouen, entr'ouvrait à ma pauvre âme ravie les mystères eucharistiques qui lui faisaient oublier le monde entier... »

enthousiasme d'admirables cantiques français et provençaux. Mais ce fut la procession de clôture qui excita au plus haut point l'admiration du dévoué directeur.

« Au soir du dernier jour, dit-il, les portes et les couloirs du collège se trouvèrent trop étroits pour recevoir le fleuve humain qui, tout à coup, nous envahit et déversa dans nos cours près de dix mille personnes.

» Avec promptitude et énergie, les organisateurs mirent un ordre subit et parfait dans ce désordre, et tirèrent du chaos quelque six mille hommes, qu'ils rangèrent en procession. Chacun était muni d'une torche gracieusement écussonnée au blason du Congrès, et tous chantaient d'un cœur et d'une voix infatigable les hymnes du Saint Sacrement. La marche s'ouvrait par les Pénitents Gris, avec l'étendard bleu que leur fondateur, Louis VIII, le père de notre saint Louis, leur donna au jour qu'il les établit à Avignon. D'autres groupes suivaient, revêtus de leurs costumes traditionnels, portant les grands crucifix des confréries, les gonfalons des paroisses, les bannières des corporations. Deux cents prêtres, couverts d'ornements liturgiques, précédaient immédiatement l'adorable eucharistie portée par l'archevêque ; et quatre mille personnes, agenouillées au pourtour de l'enceinte, unissaient leurs prières et leurs louanges à celles de l'immense cortège. D'innombrables lampes, suspendues aux branches des platanes ou échelonnées en pyramide gigantesque sur un reposoir de dix mètres de hauteur, semblaient partager la joie des étoiles qui, pour parler le langage de la sainte Ecriture, luisaient avec allégresse dans un ciel pur, et disaient à leur divin Roi : « C'est pour vous, nous voici. »

» Des flammes colorées s'allumaient aussi, à chaque instant, sur le passage du Maître, et l'enveloppaient comme d'un manteau d'une splendeur vraiment royale.

» Le mouvement régulier et lentement rythmé de tout ce peuple parcourant des méandres sans fin, nous faisait songer aux célestes processions dont saint Jean eut la vision dans son île de Pathmos.

» Neuf heures et demie venaient de sonner ; le Saint Sacrement fut déposé sur l'autel triomphal ; les pas s'arrêtèrent, les voix se turent ; et un prêtre, apparaissant au-dessus de la foule, proclama solennellement les bienfaits de Jésus-Christ et flétrit les crimes du monde contre Jésus-Christ. Puis les genoux fléchirent, et les dix mille catholiques d'Avignon redirent, mot pour mot, l'acte de repentir et de pénitence, l'acte d'amende honorable que le prêtre leur dictait. Et Jésus bénit la foule, la cité, la France, la terre tout entière. J'avais vu le vicaire du Christ donnant, des hauteurs de Saint-Pierre de Rome, sa bénédiction à la ville et au monde, *urbi et orbi*. Je vis, en cette nuit sainte, sur la terre pontificale d'Avignon, le Christ donner, lui aussi, sa bénédiction *urbi et orbi* ; et après ces deux spectacles, rien, j'en suis certain, ne me paraîtra plus véritablement digne d'être vu, — non, rien que l'éternelle bénédiction donnée à ses élus par le Christ glorieux et triomphant, dans l'extase et les ravissements de son royaume céleste. »

Mais ce n'est pas seulement à la diffusion du culte eucharistique, que M. le chanoine Didot consacra sa vie. Toutes les œuvres de foi et de piété de la région du Nord, furent plus ou moins les débitrices de ce grand ouvrier de Dieu. C'est ainsi qu'il travailla de toutes ses forces, à la formation surnaturelle des membres de la *Société de Saint-Vincent de Paul*. Pendant vingt ans il leur donna une série d'instructions, justement appréciées, sur la doctrine biblique de la pauvreté. La substance de ces intéressants discours est réunie dans un petit livre : *Le pauvre dans la bible*.

Cependant, la Providence divine avait manifestement favorisé les Facultés catholiques de Lille, en leur donnant à point nommé toute une pléiade de maîtres vaillants. A l'appel de Mgr le Recteur, étaient accourus des quatre coins de la France des professeurs et des savants de premier ordre, de grand cœur et de grand renom. M. de Margerie et M. Charaux à la Faculté des lettres, M. de Vareilles et M. Ory à la Faculté de droit, M. le Dr Duret et M. le Dr Jousset à la Faculté de médecine, M. le chanoine Boulay et M. l'abbé Bourgeat à la Faculté des sciences, et bien d'autres contribuaient puissamment par leurs travaux et par leurs talents à mettre en honneur l'Université de Lille. Avec ces éminents collègues, M. Didiot avait des relations d'une cordialité vraiment charmante. « Je vous assure, disait-il, que je me trouve bien à mon aise parmi ces chrétiens. »

Il écrivait en février 1887 : « J'enseigne, je voyage, j'écris, je ne suis pas trop mal en train. » A la même époque, l'abbé Jaugey venait lui demander son concours pour la rédaction des articles de théologie du *Dictionnaire apologétique.* « Je n'ai pas trouvé, lui disait-il, de collaborateur compétent pour cette partie capitale de mon œuvre. Ce matin, votre nom m'est tombé sous les yeux, et il m'a semblé que l'homme que je cherchais vainement depuis longtemps était trouvé. Le travail est considérable, car il faut aller jusqu'au fond des questions. »

L'abbé Didiot accepta, mais peu après, craignant de ne pouvoir remplir, dans le temps qui lui avait été fixé, le long programme dont on l'avait chargé, il supplia l'abbé Jaugey de chercher un collaborateur plus actif. Celui-ci refusa en ces termes : « J'ai reçu votre lettre, disait-il, et je m'empresse de vous répondre que je ne veux, *dans aucun cas*, renoncer à la *collaboration promise.* S'il faut attendre trois ou quatre mois, j'attendrai. La partie du dictionnaire dont vous êtes chargé est essentielle, elle exige un homme compétent ; Dieu me l'a donné, je le garde. »

La mort de Mgr Hasley amena sur le siège de Cambrai un prélat ami des études, Mgr Thibaudier, qui favorisa de toutes ses forces le développement de l'Université catholique de Lille. Bientôt M. le chanoine Didiot put écrire à sa sœur : « J'ai de 70 à 75 auditeurs, ce qui remplit ma salle. Nous avons 600 élèves à l'Université. C'est un beau crescendo [1].

» Pour vous, ne croyez pas M. Tout le monde quand il dit que je me fatigue trop, ou bien il ne se fatigue pas assez, lui, ou bien, il s'imagine que je dois soulever des montagnes pour bâtir une brochurette de rien du tout... Nous avons un temps exceptionnellement beau depuis un mois, pas même de brouillard sérieux. Tous les jours, je prends un de nos *cars* suburbains. Je débarque dans quelque village à 5 ou 6 kilomètres de Lille. Je rôde à travers champs, je reprends mon *car* et je rentre un peu moulu, avec le projet de

1. Le 5 juin 1888, les Pères de la Compagnie de Jésus firent célébrer dans la basilique de Notre-Dame de la Treille, une messe solennelle en l'honneur de la béatification d'Edmond Campion, le premier jésuite anglais martyrisé. M. le chanoine Didiot prononça le panégyrique du Bienheureux. Il parcourut successivement les trois phases de l'existence de ce glorieux élève de l'*Université de Douai* : sa vie universitaire, son apostolat, et son martyre ; mais il s'appliqua surtout à faire ressortir la frappante ressemblance qui existait entre la mort cruelle du Bienheureux, et la douloureuse passion de Notre Seigneur Jésus-Christ.

me moudre un peu davantage le lendemain. C'est une occupation pleine de charme et d'esprit. »

C'est sous l'épiscopat de Mgr Thibaudier, en 1889, que M. le chanoine Didiot devint notre maître. Et nous nous souvenons encore aujourd'hui de l'ineffaçable impression qu'il produisit sur nous.

Aussi bien, tout en lui inspirait le respect.

Sa tête admirablement belle rappelait d'une étonnante manière, celle de saint Thomas d'Aquin. Son front large et découvert révélait un méditatif. Sa physionomie était ouverte et franche ; on lisait dans son regard la bonté de son âme. Parfois un gracieux et fin sourire éclairait son visage d'une façon charmante, et accompagnait le trait d'esprit dont il avait le secret.

De taille moyenne et bien proportionnée, M. Didiot se faisait remarquer par la noblesse de sa démarche et la majesté de son port.

Au moral, ce qui plaisait principalement en lui, c'était la droiture de son caractère. Il aimait par dessus tout la vérité.

A la science de l'Ange de l'École, il joignait la fermeté et la douceur d'un saint François de Sales.

Il montrait pour tous les hommes une indulgence extrême, les questions seules de doctrine le trouvaient impitoyable [1].

Aussi, quelle influence ce professeur éminent avait sur ses élèves ! Sa supériorité intellectuelle et l'étendue de ses connaissances le rendaient trop redoutable pour qu'on s'avisât de le critiquer. On contestait parfois les opinions des autres, on ne discutait jamais les siennes. Il n'est pas un élève qui n'ait subi la forte impression du maître, il n'en est pas un qui lui ait refusé dès les premiers jours son estime et son admiration.

---

1. A la chapelle de la Providence, rue Colbert, où il célébrait la messe tous les jours, il édifiait les religieuses en se montrant d'une ponctualité exemplaire. Chaque matin, précisément à la même minute, on le voyait franchir la porte, comme s'il avait d'avance calculé la distance et mesuré les pas qu'il devait faire. Il veillait avec un soin jaloux à ce que tout ce qui concernait le service du culte fût strictement conforme aux règles liturgiques. Il alla même un jour donner aux sœurs stupéfaites une leçon sur la manière dont il convient de repasser les linges d'autel. Jamais il ne se servit de corporaux ourlés à jour ou garnis de dentelle.

C'était un spectacle touchant que de le contempler officiant au saint autel : sa foi, sa profonde piété, tous ses gestes manifestaient les sentiments vraiment célestes qui remplissaient son âme.

Au tribunal de la pénitence on trouvait en lui un directeur plein de prudence et un guide de grande sagesse.

Comme professeur de théologie, M. le chanoine Didiot avait deux méthodes d'enseignement. Beaucoup ne connurent que la première, la « manière officielle », celle qu'il employait dans les leçons publiques. Il excellait alors à mettre à la portée des étudiants, dans une langue claire et précise, les matières les plus abstraites de la théologie. Parfois une anecdote contée avec esprit rendait le cours intéressant en en tempérant l'inévitable aridité.

L'autre enseignement en quelque sorte « ésotérique et péripatéticien » différait du premier en ce que M. Didiot y formulait librement des opinions et des vues personnelles, des hypothèses qu'il n'aurait pas voulu revêtir de la majesté de l'enseignement officiel. Sur le concours divin, sur l'état des âmes du purgatoire, il avait des idées souvent curieuses et hardies, car l'esprit du théologien traditionnel s'alliait merveilleusement en lui à une imagination très éveillée qui savait renouveler l'aspect des questions par l'apport de données originales. Il avait à un haut degré l'esprit créateur qui fait les inventeurs et les hommes de génie, et c'est ce qui rendait son enseignement si vivant et si séduisant.

C'est à la prière que M. Didiot consacrait la plus grande partie de son temps. Le reste, en dehors des cours et des prédications, était réservé à l'étude, et il s'en montrait singulièrement avare. Il ne recevait jamais le matin : en dehors des heures fixées, les visiteurs étaient éconduits sans pitié [1].

---

1. Voici les dispositions pratiques qu'il avait adoptées pour l'emploi de ses journées :

A 5 heures, lever.

A 5 h. 1/2, réciter *Primes* à genoux, puis oraison, affective surtout. Départ pour la messe.

Après la messe, réciter tout de suite les prières liturgiques convenables.

Immédiatement après le déjeuner *Tierce, Sexte* et *None*.

5 minutes avant midi, examen particulier suivi de l'*Angelus*.

A 4 h. 1/4, *Matines* (à 4 h. 3/4 le jeudi, à 6 h. 1/2 le dimanche).

Quand je n'aurai point étudié de matières spirituelles dans la journée, je ferai une lecture spirituelle après les *Matines*.

Les jours où je ne confesse point et où je n'assiste pas à la bénédiction du Saint-Sacrement faire une visite à la Sainte-Eucharistie. Dire mon chapelet en allant et venant.

A 9 heures du soir récitation des *Laudes* à genoux. Ensuite préparation du sujet d'oraison et coucher.

Prendre la discipline deux fois la semaine, le mardi et le vendredi.

Faire le Chemin de la Croix le plus souvent possible.

Obligé de prendre chaque jour un peu d'exercice, il ne manquait pas de faire sa promenade après le dîner. Presque toujours un de ses étudiants l'accompagnait, et il apprenait alors à connaître de plus près l'exquise bonté de son âme et cette égalité de caractère qui ne se démentait jamais. C'est dans l'un de ces entretiens que fut décidée la création du *Bulletin des malades et de leurs serviteurs* dont les religieux Camilliens sont justement fiers. Le maître donna l'idée, inspira l'esprit qui devait animer l'œuvre nouvelle, rédigea quelques articles, et dessina même le gracieux écusson qui orne la couverture.

Par dessus tout, nous l'avons déjà dit, M. le chanoine Didiot possédait à son plus haut degré l'amour du Très-Saint Sacrement. Cette dévotion lui inspira encore la fondation de l'œuvre de l'Adoration réparatrice et du Luminaire du Très-Saint Sacrement [1]. Chaque année, dans la chapelle de la rue Voltaire, il donnait un magnifique sermon pour stimuler chez ses auditrices l'amour de la divine Eucharistie, outre les allocutions privées qu'il adressait chaque mois aux dames zélatrices. Là ne se borna pas son zèle. Il adressait encore aux jeunes enfants associés à l'œuvre, de courtes allocutions à la portée de leur âge, qu'il faisait suivre de la bénédiction du Saint Sacrement. Il paraissait heureux au milieu de ce petit monde dans lequel il entrevoyait les chrétiens et les chrétiennes de l'avenir.

Mais ce n'était pas seulement l'amour de Jésus-Hostie qui l'animait, c'était aussi celui de sa sainte Mère. Le sanctuaire de Lourdes surtout avait pour lui un attrait particulier; il s'y rendit donc, comme il le dit lui-même, pour voir, c'est-à-dire observer, examiner et méditer.

« J'ai admiré, écrit-il, ce pays superbe et ces magnifiques édifices bâtis par la reconnaissance et l'amour universels envers la sainte Mère de Dieu.

» Partout règne un air de gravité, de recueillement, de fraternelle cohésion.

» Les malades sont calmes, patients, ne faisant point parade de

1. Avec le R. P. Watrigant, il organisa aussi l'œuvre des *Retraites eucharistiques*. Elles eurent lieu au Château-Blanc, à quelques kilomètres de Lille. Leur succès fut prodigieux.

leurs souffrances, ni de leurs espérances. Il est touchant de voir le défilé des petites voitures où des brancardiers d'élite les traînent doucement jusqu'à la fontaine. C'est la misère humaine que les bras de la charité présentent au trône béni de la miséricorde divine.

» Devant la grotte, les prières et les cantiques sont incessants. Le rosaire est presque perpétuellement récité par des foules infatigables, genoux en terre, bras en croix. Cette attitude est fort belle, fort édifiante. J'aurais voulu photographier certaines figures de prêtres et de fidèles dans cet acte plus céleste que terrestre, ils prouvaient bien que « la prière est une élèvation de notre âme vers Dieu. »

» Sur les bancs qui longent le Gave, les pèlerins prennent silencieusement, ou sans trop élever la voix, leur modeste déjeuner. D'autres se promènent lentement, respectueusement. D'autres gravissent les allées du Calvaire. Et la prière continue toujours sous le rocher des apparitions, à la lueur des cierges innombrables. A tous les autels des trois églises, les messes se succèdent pendant de longues heures ; les confessionnaux sont souvent insuffisants. La main des prêtres se fatigue à donner le pardon de Dieu, et leurs lèvres à distribuer sa parole.

» Le miracle en lui-même et pour lui-même est de si peu de conséquence que je m'aperçois que je n'ai point dit si j'en avais vu quelqu'un se produire ou non. De mes seuls yeux corporels, non, je n'en ai pas vu, — et pour cette bonne raison, qu'un miracle ne se voit jamais ainsi. Il se voit par l'intelligence qui compare deux états très distants, très opposés, où le sujet du miracle s'est successivement trouvé sans qu'il ait pu naturellement passer de l'un à l'autre.

» Ce jeune homme d'excellente mine, au teint vif et frais, à l'appétit formidable, aux muscles et aux nerfs solides, se mourait de phtisie la semaine dernière et son haleine empoisonnait littéralement toute la maison, où la charité d'un curé de campagne lui avait donné l'hospitalité pour ses derniers moments. Le médecin le fait peser chaque jour de cette semaine, et l'on constate une augmentation quotidienne de plusieurs livres. L'auscultation ne révèle plus la moindre lésion, la moindre caverne dans les poumons. « Quel état et quel état ! » dirait Bossuet.

» Il est vrai, je n'ai pas vu et personne n'a vu l'arrêt soudain de la maladie, le mouvement vital reprenant le dessus, la force plastique reconstituant les tissus atrophiés ou déjà même expulsés. Mais cent personnes, mille personnes ont vu d'abord les ravages épouvantables de la tuberculose et voient aujourd'hui les progrès rapides de la santé.

» Et ces mêmes personnes, avec leur simple bon sens, constatent que cela n'est pas naturel ; que l'imagination n'y est pour rien, non plus que le magnétisme ou l'électricité ; qu'on ne guérit pas subitement la phtisie par l'hypnotisme ou par la suggestion.

» Et les médecins les plus sages, les plus instruits, interrogés sur la possibilité d'obtenir naturellement et soudainement de pareils résultats, se rangent du côté du bon sens vulgaire.

» C'est ainsi que j'ai vu quantité de miracles à Lourdes et ailleurs.»

Travailleur infatigable, M. le chanoine Didiot ne se contentait pas de présider les Congrès catholiques et les assemblées eucharistiques; il sacrifiait encore un légitime repos, lorsqu'il croyait que le salut des âmes et le bien de l'Église le demandaient. C'est ainsi qu'on le vit, en pleines vacances, aller prêcher à Bordeaux deux retraites ecclésiastiques et diriger peu après à Braine d'importantes séances consacrées à l'étude des questions sociales. Dans cette petite ville aux beaux et frais ombrages, où se produisit autrefois le miracle eucharistique « le plus étonnant, le plus solennel et le plus incontestable », s'étaient réunis pour quelques journées de prières et d'études, des prêtres, décidés par vocation à devenir plus spécialement les apôtres du monde ouvrier en péril. Et lorsqu'ils se séparèrent pour rentrer dans leurs paroisses ou dans leurs patronages, encore sous le coup du brûlant enthousiasme qu'avait su leur communiquer le vénéré président, ils se disaient l'un à l'autre : « Non, saint Augustin n'a pas exagéré en écrivant ces mots bien dignes d'être notre devise : Aime et tu réussiras en tout ; *ama et fac quod vis.* »

CHAPITRE VI

M. LE CHANOINE DIDIOT THÉOLOGIEN. — LA PUBLICATION DU « COURS DE THÉOLOGIE CATHOLIQUE [1]».

Quand Lacordaire prononça le panégyrique de saint Thomas d'Aquin dans la basilique de Saint-Sernin de Toulouse, le 18 juillet 1852, il fit entendre à son immense auditoire ces paroles d'une éloquence peu commune : « La théologie n'est ni la science, ni la raison, ni la foi, elle est toutes les trois dans un accord sublime ; elle est le sommet conciliateur de notre esprit, le repos de l'âme se possédant tout entière, et n'ayant plus qu'une ombre à franchir pour voir Dieu. Comme l'univers, l'intelligence, et la parole de Dieu, ne sont que les degrés d'une même connaissance, un triple portique d'une seule vérité, il est aisé d'entendre comment passant de l'un à l'autre, puis les tenant embrassés d'un seul regard, la théologie les ramène à la lumière et à la béatitude de l'unité. Ainsi, du haut des montagnes, le voyageur contemple en un indivisible instant les collines, les vallées, les lacs, les forêts, les maisons habitées par l'homme, les chemins publics et les sentiers perdus, et, de cette multitude d'objets épars et divers, il se fait sans peine un seul et ravissant spectacle. Mais autant le ciel l'emporte en grandeur sur la terre, autant l'infini surpasse l'immensité, autant et plus l'harmonie de la science, de la raison et de la foi, dans la théologie, surpasse les spectacles que nous nous faisons dans l'ordre étroit et pourtant magnifique de l'univers. La théologie emprunte à la science tout ce qu'elle a découvert des lois de la nature et de celles de l'humanité, non pour les dire comme elle, mais pour en déduire la connaissance de Dieu et de l'homme ; elle emprunte à la raison, sous sa forme

1. Nous avons mis à contribution pour ce chapitre le beau travail de M. l'abbé Frémont : *Jules Didiot théologien.*

populaire et sous sa forme philosophique, des vérités qui sont déjà la religion, quoiqu'elles ne la soient pas tout entière, et elle les élève en un fondement et un préambule de vérités plus hautes; enfin elle emprunte à la foi, fille du Verbe de Dieu, une vision et une certitude de choses divines qu'elle reporte ensuite sur les choses de la nature et de l'humanité, donnant à la science une plus grande élévation, à la raison une plus grande étendue, à la foi une plus grande clarté, à *toutes* l'unité qui fait leur force, leur joie, et leur efficacité pour le bonheur du genre humain. »

Cette belle page de Lacordaire est la peinture anticipée de l'œuvre de M. le chanoine Didiot: c'est ainsi qu'il comprit la théologie, c'est avec cette ampleur qu'il en embrassa, d'un vaste coup d'œil, l'immense horizon, c'est pénétré de ce programme auguste qu'il voulut dresser, à la vérité catholique, l'un des monuments les plus puissants et les plus grandioses que celle-ci ait jamais inspirés, mais dont l'inachèvement doit nous être, à tous, un véritable sujet de deuil.

M. Didiot fut théologien dans toute la force du terme. Il était dévoré du zèle de la science divine. Il se l'assimila tout entière par d'immenses lectures, dans les auteurs des deux formes traditionnelles qu'a revêtue la théologie : la forme positive ou patristique, la forme aristotélicienne ou scolastique. Saint Thomas d'Aquin et Pétau lui furent également familiers [1]. Et parmi les modernes, aucun de ceux qui, à l'exemple de Franzelin et de Kleutgen, ont cultivé glorieusement et développé la science qui lui fut si chère, ne lui demeura étranger. Il s'en appropria le suc, comme l'abeille le nectar des fleurs. Lui-même, d'ailleurs tient un noble rang parmi eux.

C'est en 1891 qu'il commenca la publication de son *Cours de Théologie catholique*, dont les cinq premiers volumes seulement ont paru [2]. Après l'avoir enseigné à la Faculté libre de Lille, dans cette langue latine, qu'il parlait avec une rare élégance, il l'édita en français; et, ce nous doit être un motif nouveau de regretter qu'une

---

1. M. le chanoine Didiot écrivait le 20 mars 1902 « Je professe depuis assez longtemps la morale, mais sans la séparer du dogme et de la métaphysique, fidèle en cela aux antiques traditions qui ont fait la force de nos écoles. Par goût, je suis un dogmatiste et un patrologiste. »

2. Chez Lefort, Paris, rue des Saints-Pères, 30.

telle œuvre ait été si tristement interrompue par la mort de l'auteur. Ce qui nous manque le plus à nous, Français, surtout aujourd'hui, au moment où les questions religieuses sont l'objet universel des discussions publiques, ce sont des ouvrages de théologie, tout à la fois substantiels et puissants par leurs thèses, et facilement accessibles à notre génie national, par leur style. Le 13 janvier 1901, le grand pape Léon XIII disait à l'abbé Frémont, l'un des amis les plus ardents et les plus enthousiastes de M. Didiot. « Oui, multipliez, en France, les ouvrages dogmatiques, en langue française. Les Apôtres et les Pères ont traduit en *grec* et en *latin* les enseignements que le Christ leur avait donnés en langue syro-chaldéenne. De même, pour nous, il faut traduire la théologie classique et latine de l'Eglise, dans les langues variées que parlent les peuples, afin qu'il y ait sur la terre une *continuelle Pentecôte.* » C'est à cette continuelle Pentecôte que travailla et concourut magnifiquement M. le chanoine Didiot, en consacrant à la théologie sa science très remarquable de la langue française. Car ce grand théologien n'était pas de ceux qui dédaignent la forme littéraire. Il avait trop lu, trop étudié les Pères de l'Église pour commettre une pareille méprise. Un jour qu'un de ses chers disciples le félicitait de la beauté de son langage, il lui fit l'aveu qu'en effet, il s'était appliqué par amour de Dieu, de la sainte Eglise, et des âmes, à traiter en grand style nos admirables thèses de théologie. Ce sont là ses propres paroles, et certes quiconque lira les cinq volumes théologiques publiés par le regretté professeur, conviendra que son application littéraire n'a pas été inutile. Nous ne craignons pas de le dire et nous ne serons pas démenti : depuis Bossuet, dans la *Défense de la tradition* contre les excès de l'école néo-critique de son temps, aucune plume n'a écrit plus magistralement que celle de l'abbé Didiot sur la doctrine de l'Église.

Cette doctrine, il la prend, d'abord, dans sa source essentielle qui est la foi, dont l'objet direct est d'accueillir la Révélation judéo-chrétienne, contenue dans la tradition et dans les livres de l'Ancien et du Nouveau Testament. Pour lui, en effet, la théologie est une science *surnaturelle*, et il ne se trompe pas, puisque les vérités principales dont elle s'occupe, la *Trinité*, l'*Incarnation*, la *Rédemption*, ne nous sont point connues par une étude expérimentale de la nature, mais par une intervention personnelle de Dieu se faisant connaître à l'homme. Cette révélation qui suit dans sa marche, la marche même de la création (car le plan de Dieu, distribué en deux ordres de vérités naturelles et surnaturelles, est néanmoins d'une profonde unité), a été progressive, et s'est déroulée pendant une vaste succession de siècles. Elle n'est achevée qu'à la mort du dernier des Apôtres, saint Jean, dont la vigoureuse et longue vieillesse rattache le premier siècle de l'ère chrétienne au second, qui par les disciples immédiats de saint Jean, les Polycarpe et les Irénée, passe le flambeau sacré aux Justin, aux Origène, aux Tertullien et plus tard aux Ambroise, aux Augustin et aux Jérôme.

M. le chanoine Didiot, ayant ainsi fortement saisi sa matière, la distribue en *Logique surnaturelle*, en *Métaphysique surnaturelle*, en *Morale surnaturelle*. De cette triple division, la première seule a été traitée complètement et une partie de la troisième. Quant à la seconde, hélas! nous aurons toujours à regretter que l'auteur n'en ait pu rien faire paraître.

Malgré cette lacune irréparable, l'œuvre de M. Didiot n'en est pas moins précieuse, et les deux beaux volumes notamment où il développe les *théorèmes* de ce qu'il appelle la *Logique surnaturelle subjective* et la *Logique surnaturelle objective* suffiraient à immortaliser son nom.

La forme de théorèmes qu'emploie à dessein l'auteur prouve, chez lui, deux choses : la première qu'il savait combien *l'Ethique* de Spinoza doit à ce caractère de précision géométrique la meilleure partie de sa célébrité; la seconde, sa confiance absolue dans la *certitude scientifique* de la théologie chrétienne. Il ne pensait pas que Dieu, qui a permis à l'homme de connaître, avec tant d'exactitude, les lois de l'univers, lui eût refusé la lumière là où il lui importe le plus d'en être éclairé, nous voulons dire dans le domaine de ses destinées véritables et de ses fins suprêmes. Sa vigoureuse intelligence avait trop approfondi la solidité des preuves historiques de la Révélation judéo-chrétienne pour ne pas être convaincu que ces preuves sont inébranlables, si ce n'est pour des esprits superficiels.

« Nous ne pouvons faire de théologie, écrivait-il, sans être *raisonnables* et *croyants*, sans posséder la *raison* et la *foi*. Avec la seule raison, nous ne pourrions avoir des vérités surnaturelles qu'une connaissance historique d'érudition ou de dictionnaire, comme celle que je puis avoir de la religion brahmanique à laquelle je ne crois nullement. Mais ne connaître que de cette façon les vérités surnaturelles, c'est ne pas les savoir, c'est n'en avoir ni la science ni la certitude, c'est ne les avoir point conçues, c'est ne les point posséder. La science est une assimilation du sujet à l'objet, une transformation en quelque manière de l'âme en ce qu'elle connaît, et ce phénomène si curieux, si admirable surtout, ne s'accomplit pas sans l'adhésion et l'assentiment complet de l'intelligence à l'intelligible. *Or, pour adhérer à l'intelligible surnaturel et révélé, il nous faut cette intelligence supplémentaire qui se nomme la foi.* Sans la foi donc, la théologie qui part du *révélé* pour en chercher les applications et les développements scientifiques, ne saurait nullement exister. *Sans la raison, elle existerait bien moins encore, puisque la foi serait impossible et impossibles aussi ses recherches ultérieures*... La foi donne la connaissance des vérités surnaturelles et révélées, dont la théologie a essentiellement besoin comme base de ses opérations, comme élément de son travail intellectuel. *Mais c'est la raison qui fait ce travail et conduit ces opérations, qui cherche et qui argumente, qui prouve et qui saisit les résultats qu'on appelle conclusions théologiques*, but immédiat de la théologie [1].»

La pensée moderne se perd dans ces notions distinctes de *raison* et de *foi*, qu'elle s'efforce de rendre contradictoires. La doctrine catholique est, cependant, bien simple. Partant de ce fait indéniable que l'homme a reçu la vie d'une *cause première* autre que lui-même, elle constate que l'homme n'ayant ainsi créé ni lui, ni l'univers, il doit, pour les connaître, les étudier tels qu'ils sont.

L'objectivité des connaissances humaines dérive donc de ce *fait indéniable*, que l'homme et l'univers sont l'œuvre d'une cause première dont notre raison subit, quoi qu'elle fasse, l'action créatrice et mystérieuse. A ce *premier* fait, la doctrine catholique en ajoute un *second* que l'Histoire lui fournit : à savoir que Dieu n'a pas seulement parlé à l'homme par les grandes voix de l'univers ou de la conscience, mais encore qu'Il a voulu *gracieusement* et *gratuitement* lui parler lui-même, dans la personne de témoins choisis : Adam, Noé, Abraham, Moïse, David, Isaïe, Daniel, enfin le

1. *Logique surnaturelle subjective*, théorème XVe.

Christ Jésus, son fils unique, son Verbe incarné, pour nous révéler des vérités supérieures à celles de l'univers, et dont le terme souverain est de nous apprendre que notre destinée consiste à le posséder lui-même, un jour, dans sa béatitude infinie. L'homme, pour connaître ces deux ordres de vérités, doit se servir de sa raison, mais celle-ci doit être élevée au-dessus d'elle-même pour atteindre à des vérités qui la dépassent. Ce secours qui l'exhausse et la rend capable d'adhérer à la parole de Dieu, c'est le don de la foi, véritable communication de la vie divine qui nous permet de penser de Dieu et de ses desseins sur nous, ce qu'il pense lui-même, quoique notre pensée demeure toujours celle d'un être limité, tandis que la sienne est celle de l'Être par essence, de l'Infini.

Un théologien qui a beaucoup aimé le chanoine Didiot a dit au sujet des deux ordres de vérités naturelles et surnaturelles : « Représentez-vous, à l'horizon, deux rangs de montagnes, mais disposées de telle sorte que le second soit d'une élévation prodigieuse si on le compare au premier. Néanmoins, rattachés par la base, l'un et l'autre appartiennent au même système orographique et pour les contempler vous n'avez que les mêmes yeux. Le Créateur, il est vrai, aurait pu derrière le premier rang de montagnes, n'en pas dresser un second ; mais enfin son œuvre géminée est sortie de la même volonté libre et toute-puissante. D'autre part, s'il n'eût existé qu'un premier rang de montagnes, vos yeux n'auraient pu contempler le second ; mais les deux rangs de montagnes étant là, devant vous, c'est d'un même coup d'œil qu'il nous est loisible de les admirer. La connaissance que vous en avez demeure *double objectivement*, puisqu'il y a deux rangs de montagnes, mais elle est *une subjectivement*, puisque c'est le même organe, c'est-à-dire les mêmes yeux qui les voient. Ainsi en est-il des vérités de la *Création* et des vérités de la *Révélation*. Elles forment deux rangs de montagnes, appartenant au même système orographique de nos *Destinées* et soumis, l'un et l'autre et de la même façon, à l'action cognitive de notre intelligence. Nous disons : *de la même* façon, parce que notre intelligence n'a pas deux manières de connaître. Les objets extérieurs qui la frappent peuvent différer, mais elle reste identique. C'est la même intelligence humaine qui découvre les lois de la chute des corps, au moyen de l'expérience physique, ou qui adhère à la parole de Dieu sur le témoignage de Moïse et du Christ. Conséquemment, le même mot de

Philosophie, entendu dans le sens de *connaissance raisonnée* des choses, par la mise en lumière de *leurs causes suprêmes*, peut s'appliquer aux vérités de la *Création*, comme aux vérités de la *Révélation*. Ces vérités sont distinctes, elles sont subordonnées, car les vérités de la *Révélation* sont supérieures à celles de la *Création*, puisqu'elles nous initient davantage aux desseins de Dieu sur l'humanité, mais enfin elles se ramènent à une parfaite unité scientifique. N'est-ce pas le *même* Dieu qui les a faites ? N'est-ce pas la *même* intelligence humaine qui les constate? On pourrait donc appeler la connaissance raisonnée des causes dernières de la Création : *Philosophie profane* ; et la connaissance raisonnée des causes dernières de la Révélation : *Philosophie sacrée* ; ou mieux encore, en unissant dans la même science les vérités de la *Création* et celles de la *Révélation*, l'on pourrait appeler la connaissance raisonnée de leurs causes dernières : *Philosophie intégrale* [1] ».

C'est cette unité grandiose de toutes les connaissances humaines dans la théologie, qu'à l'exemple de saint Thomas d'Aquin, le chanoine Didiot avait conçue. Il faut, ici, l'entendre lui-même : « L'objet général, dit-il, la matière, le sujet passif de la théologie, *c'est absolument tout ce qui est de quelque manière, réellement ou en puissance, substantiellement ou accidentellement, même par simple relation de ressemblance ou de causalité, d'analogie ou d'opposition*. En effet, l'être en ce sens universel et transcendental, embrassant tout ce qui est et même ce qui n'est pas *être*, mais qui est conçu comme *être*, est divin, au moins par opposition, et par conséquent rentre dans la théologie. *La théologie est donc aussi vaste que la métaphysique qui est également, mais dans un autre sens, la science de l'être.* La théologie est ainsi absolument transcendentale, ne laissant en dehors de son domaine que ce que Dieu laisse en dehors du sien, c'est-à-dire rien. L'être infini seul n'est que son objet *inadéquat*, et pareillement l'être fini seul. Son objet adéquat est l'être quel qu'il soit, parce que tout être, fût-ce un simple être de raison, comme les négations et le non-être, est empreint d'un caractère divin et théologique [2]. »

---

1. *Les Principes*, tome II, pp. 342, 343, par l'abbé G. Frémont, chez Bloud, rue Madame, 4, Paris.

2. Théorème XVII°.

On se représente facilement quelle envergure scientifique suppose, chez un homme, un pareil dessein et quel courage intellectuel il lui faut pour aborder un thème qu'il conçoit avec une pareille ampleur. L'intelligence et l'érudition du chanoine Didiot étaient à la hauteur d'une tâche aussi sublime. Et déjà, tout ce premier volume de la *Logique surnaturelle subjective* excite le plus vif intérêt. Il est difficile d'analyser de semblables écrits, dans lesquels l'idée s'enchaîne à l'idée et où tous les mots ont leur valeur. Disons seulement que l'auteur y justifie sa belle définition de la théologie : « *La théologie est la science surnaturelle et dialectique du divin* » ; qu'il y montre la nécessité du concours de toutes les autres sciences ; qu'il y réfute les spécieuses théories du subjectivisme et de l'intuitionisme qui tentent faussement de soumettre la réalité des choses à l'esprit humain, au lieu que la vraie science exige que l'esprit humain se soumette à la réalité des choses ; notons enfin que l'auteur enseigne que le travail théologique, pour être fécond, a besoin de la surveillance et de la direction de l'Église et ceci lui sert de transition toute naturelle pour étudier ce qu'il appelle : *La Logique surnaturelle objective.*

Ce second volume de sa *Théologie catholique* se transforme, pour le chanoine Didiot, en traité magistral des preuves auxquelles on reconnaît la vraie religion et la véritable Église. Ce double traité est celui-là même qui pose les bases de tout l'édifice, car dès qu'on a démontré l'existence et l'infinie perfection de Dieu, la divinité du Christ et l'autorité doctrinale et liturgique de l'Église, tout le reste de la religion chrétienne s'élève glorieusement et comme de lui-même sur ce fondement inébranlable. Notre vénéré maître le savait bien : aussi n'a-t-il rien négligé de ce que les auteurs anciens et modernes ont dit de plus exact et de plus solide, sur ce point d'une capitale importance. Son étude de l'Ancien Testament et de l'idée messianique aboutissant au Christ qui affirme sa divinité rédemptrice et qui lui donne le relief le plus accentué, en ressuscitant trois jours après son affreux martyre sur le Calvaire, est des plus remarquables et des plus décisives. La nouvelle école pseudo-bibliste qui a jeté, de nos jours, quelqu'une de ses ramifications les plus funestes jusque dans le sanctuaire d'où la forte main de Pie X s'est hâtée de l'extirper, n'aurait qu'à lire ce beau et puissant livre du chanoine Didiot, pour se convaincre de son erreur par excellence, qui consiste à supposer que les prophéties messianiques n'ont aucune valeur positive; que Jésus lui-même semble n'avoir pas eu conscience, tout d'abord, de son rôle de Messie (ce qui renverse, du même coup, le dogme de sa divinité); elle verrait à quel point elle s'égare. Mais, hélas! elle s'en gardera bien. Aussi longtemps qu'on n'aura pas résolu, dans les plus petits détails, toutes les difficultés analytiques de la Bible, elle déclarera que la Révélation judéo-chrétienne n'est pas réellement démontrée. Elle imite en cela, — probablement sans s'en douter, l'attitude de certains athées de l'heure présente qui voudraient bien croire en Dieu, disent-il, mais qui attendent, pour se décider, qu'on ait résolu tous les problèmes philosophiques et moraux auxquels donne lieu l'existence du mal, ici-bas. Ils attendront longtemps. Dieu, du haut de son infinie perfection, continuera de sourire au spectacle ridicule de ces raisonneurs qui se scandalisent de découvrir des taches dans le soleil.

Le chanoine Didiot était d'autre génie. Il faisait crédit à Dieu et s'en rapportait à sa souveraine sagesse pour réparer, dans un monde meilleur, les apparentes injustices du gouvernement de sa Providence en ce monde. Qui ne sait, d'ailleurs, que les plus grands fléaux de l'humanité résultent de notre incurie ou de notre malice, et que, par conséquent, notre liberté est ici responsable et non pas la volonté de Dieu? Aussi bien voulez-vous à tout prix exterminer le mal parmi nous? Vous supprimerez la vertu sous toutes ses formes, notamment la charité. Or, supprimer la charité, l'amour du fort pour le faible, du riche pour le pauvre, de sainte Elisabeth pour le lépreux, c'est éteindre dans notre ciel moral la plus belle des étoiles. Néanmoins, nous le reconnaissons volontiers, le problème de l'existence du mal est un de ceux où la foi de l'âme humaine, en la bonté divine, doit s'exercer davantage, et où la vertu de religion doit davantage éclater.

C'est en effet par la « Vertu de religion » que M. le chanoine Didiot, après avoir traité de la *Morale surnaturelle générale*, continua son cours de Théologie. Au lieu de poursuivre son œuvre par la Dogmatique, « la Trinité, l'Incarnation, la Rédemption », il se jeta dans la Morale pour laquelle, sans doute, sa préparation était plus avancée, et la mort le surprit quand il allait aborder enfin ces grands dogmes, qu'il était si admirablement apte à nous faire connaître. Nous n'avons pas dessein d'analyser ici, en détail, les trois volumes que notre auteur a publiés sur la Morale surnaturelle. Nous dirons seulement qu'il s'y montra aussi éminent en doctrine que dans la *Logique surnaturelle subjective et objective.*

Tout d'abord, partant de ce fait que la *Morale* n'est autre chose que la recherche et la pratique du bien, notre théologien prouve, par la *raison* et par la *révélation*, que Dieu est le fondement nécessaire des devoirs de l'homme. La réfutation qu'il entreprend alors de la morale sans Dieu est une des plus nettes et des plus décisives que nous ayons. « Dans l'hypothèse, dit-il, qui certainement était possible, du genre humain destiné à une fin simplement naturelle, il aurait eu absolument besoin d'une morale fondée sur la religion, il aurait été absolument obligé à une moralité établie et réglée par Dieu, rationnellement et naturellement connu. Dans cette hypothèse, en effet, notre raison, quoique privée des lumières de la révélation, eut pourtant vu clairement la nécessité juridique et rigoureuse *de rendre à chacun ce qui lui est dû et conséquemment de faire à Dieu, premier Être, premier Bien, source de tout être et de tout bien, une place tellement transcendante dans nos appréciations, dans nos désirs, dans nos actions, que non seulement rien ne s'y trouve qui aille contre lui, mais qu'il soit en toutes nos opérations le plus estimé et le plus aimé de tous les biens* [1]. »

La morale indépendante ou morale sans Dieu ne pourrait être admissible qu'à une double condition, ou que Dieu n'existât pas ou que, s'il existe, il nous soit cependant permis de ne tenir de lui aucun compte dans l'ordre pratique de nos devoirs. Or, cette double condition est fausse, Dieu existe: l'idée et le sentiment de *l'infini* dans l'homme ne peut s'expliquer sans lui, et dès que l'Infini existe et que tout a été créé par lui, tout est donc dans sa dépendance et l'homme plus que tout le reste. L'homme, en effet, doué de raison, constate aisément qu'il a reçu d'une cause, distincte de lui, les forces et les facultés qui constituent son être, et, par conséquent, les lois qui les régissent. Or, parmi ces lois, celles de la morale brillent au premier rang et l'homme ne peut pas plus expliquer sa conscience, sans Dieu, qu'il ne peut expliquer le moindre brin d'herbe dans une

1. Théorème VIe. Morale surnaturelle fondamentale.

prairie, sans un créateur qui en ait primitivement formé, au moins, la graine. La postérité admirera que des notions si simples et si lumineuses aient pu, en France, vers la fin du XIXe siècle [1] et au commencement du XXe, subir une éclipse si peu scientifique et, dès lors, si dangereuse pour les jeunes générations. L'Église, en tout cas, n'a jamais fléchi sur un point si grave.

« Personne d'entre les Pères, dit l'abbé Didiot, n'a peut-être mieux établi que Lactance et saint Augustin, cette nécessité de connaître Dieu et de reconnaître ses droits pour obtenir une véritable, solide et complète morale. L'évêque d'Hippone préfère Platon à tous les autres philosophes de l'antiquité, quand il s'agit de bien ordonner la vie humaine et de la gouverner suivant les principes de la sagesse. Car « Platon, dit-il, a enseigné que le but de l'homme juste est de vivre selon la vertu; et cela ne peut appartenir qu'à *celui qui a la connaissance de Dieu et qui tend à l'imiter*; et nul autre moyen n'existe d'être heureux; aussi, n'hésite-t-il pas à déclarer que *philosopher, c'est aimer Dieu.*» — «Si nous étions nous-mêmes les auteurs de notre nature, écrit saint Augustin, certes, nous serions aussi le principe de notre sagesse et nous n'aurions nul souci de la recevoir par l'enseignement, c'est-à-dire de l'apprendre du dehors, et notre amour, naissant de nous et revenant à nous, nous suffirait pour vivre dans le bonheur, et il n'aurait besoin d'aucun autre bien pour nous procurer la jouissance. Mais comme notre nature, pour exister, a eu besoin d'être créée par Dieu, il faut incontestablement *que nous le prenions pour maître*, si nous prétendons savoir le vrai; et *si nous voulons devenir heureux, il faut lui demander* de nous donner son intime suavité. »

Et le chanoine Didiot ajoute immédiatement: « Rien de plus profond et de plus inattaquable ne saurait être conçu, l'équivalence

1. Cette théorie de la *morale indépendante* a fait l'objet au XIXe siècle de nombreuses publications. Proud'hon a résumé cette doctrine en deux mots: « Ne relevant que d'elle-même, la moralité doit répudier toute solidarité avec une religion et une philosophie quelconques.» — Au point de vue pratique, d'ailleurs, cette morale est détestable. Celui qui regardera le moi comme un produit « factice » de la matière, celui-là croira difficilement à la valeur exceptionnelle de la personne humaine, il ne la respectera ni en lui-même, ni en autrui. De plus, si on n'admet pas le législateur souverain, on sera souvent tenté de se révolter contre le sentiment intérieur de l'obligation qui ne reposera sur rien. Enfin en enlevant à l'homme l'espoir de l'immortalité, ses forces seront paralysées; on laissera là la vertu pour se mettre à la recherche du plaisir.

du vrai et du bien avec l'être, démontre qu'un être fini et limité, qu'un être complètement dépendant de Dieu, ne peut avoir qu'une science et qu'un bonheur pareillement dépendant de ce même Dieu, source infinie du bien et du vrai, comme il l'est de l'être et de l'existence [1]. »

Tout ce beau traité de la *Morale surnaturelle fondamentale* se poursuit avec la même solidité et le même enchaînement dans les idées. Nulle part, les ressorts compliqués des actes humains sous l'action de la grâce n'ont été mis à nu avec cette vigueur. Il faudrait en citer toutes les pages. Nous prions le lecteur de s'y reporter lui-même et, s'il se peut, d'approfondir cet enseignement magnifique où *l'intérêt* ne languit pas un instant, tellement l'âme sacerdotale de l'auteur est ardente !

Le traité qui suit celui-là a pour objet la Vertu de religion ; c'est à la lecture le plus intéressant. De nombreuses lumières y sont répandues sur la nature de cette vertu sacrée, sur la prière, sur les devoirs du sacerdoce, sur la notion et le caractère du vœu, sur les fausses dévotions. « La religion, dit M. Didiot, étant foncièrement la vertu de *justice* portée à un degré transcendantal, où elle s'exerce autant qu'il se peut faire envers Dieu, il s'ensuit que *l'homme religieux* est essentiellement un « homme juste », un « homme craignant Dieu », un homme « observant les justices et jugements de Dieu », ainsi que parle très fréquemment la Sainte Écriture. Et parce que la justice et la religion vraies incluent nécessairement l'accomplissement de tous les devoirs surnaturels, notamment ceux de faire des actes de charité qui *sanctifient invisiblement*, l'homme religieux et juste envers Dieu est aussi un homme *justifié*. C'est d'ailleurs le premier et le plus efficace moyen pour glorifier Dieu, pour lui rendre un culte d'honneur et de louange, que d'être son image surnaturelle et filiale par la *justice habituelle*, qui est elle-même le principe normal de la gloire béatifique, dans les élus, et de la très parfaite glorification qu'ils procurent à Dieu dans la céleste période de leur existence. En conséquence, l'homme *religieux* est rigoureusement identique à l'homme *juste*, et l'homme *totalement juste* est aussi l'homme *totalement religieux*. [2]»

---

1. Théorème VIe. Morale surnaturelle fondamentale.
2. Morale surnaturelle spéciale. Vertu de religion, théorème XIe.

On ne peut mieux dire. De même en est-il des Vertus théologales de foi, d'espérance et de charité qu'il enseigne dans le dernier volume sorti de sa main et où se continue son *Cours de théologie catholique*. Il y réalise vraiment « la pensée des plus grands docteurs de l'Église et de saint Thomas d'Aquin surtout. *Pour eux la morale ne diffère pas essentiellement du dogme.* Elle se mêle constamment à lui, dans les homélies des basiliques, dans les exhortations ascétiques des cloîtres, dans les leçons et les traités de l'école. » Le chanoine Didiot est le continuateur de ces grands hommes. Il en a la puissance, l'élévation, la science indéfectible. Ses considérations sur les sources révélées de la foi, sur la foi et les libertés sont d'une clarté souveraine. Qu'on en juge par cet extrait qui ne sera pas le moindre ornement de ce chapitre. Il s'agit du théorème XXXIe du traité de la foi.

L'auteur le formule ainsi : « l'objet de la foi ne *nécessitant* jamais l'intelligence, même surnaturalisée, celle-ci ne croirait jamais si la volonté, après en avoir délibéré, ne s'était librement et surnaturellement décidée à lui *prescrire* de faire ou de répéter cet acte de connaissance théologale. » Et ce théorème étant ainsi formulé, l'auteur le démontre de la manière suivante : « Un objet révélé se présente à notre intelligence de la part de Dieu, souvent même de la part de l'Église qui le définit, l'interprète et l'enseigne. Qu'il soit essentiellement mystérieux, ou qu'il soit naturellement connaissable avant que d'être affirmé par Dieu, nous disons qu'il ne saurait nécessiter, comme les vérités intuitivement et démonstrativement évidentes, l'assentiment de notre esprit. — Non, certes, qu'il ne soit *évidemment croyable*, que l'autorité divine dont il est revêtu ne *soit évidemment démontrée*, que le devoir d'y adhérer ne nous soit évidemment imposé. Bien au contraire, nous admettons que les preuves de la crédibilité, le motif de la croyance, l'obligation de la foi, sont tels dans le christianisme que, *sous peine de révoquer témérairement en doute les bases mêmes de la certitude humaine*, notre raison *doit* croire tout objet divinement affirmé. — Mais ce qu'elle doit faire, elle n'est pas toujours *nécessitée* à le faire; et, comme nos autres facultés, elle n'est fatalement entraînée que vers son *objet* propre. Or, l'objet propre de l'intelligence humaine, ici-bas, est *la vérité évidente*, — soit que son évidence apparaisse d'elle-même et que nous la percevions par intuition directe, soit qu'elle apparaisse à l'aide d'autres évidences et que nous ayons besoin de démonstration pour la discerner. — Que l'intelligence dispose ou non de grâces surnaturelles dans ses rapports avec l'objet à connaître, *son fonctionnement reste essentiellement le même* : elle est invinciblement attirée par lui s'il est évident ; elle ne l'est pas, s'il est seulement certain, sans évidence. L'objet révélé n'étant jamais évident comme tel — ce que nous allons expliquer — il ne saurait jamais nécessiter l'adhésion intellectuelle qu'il sollicite et à laquelle il a d'ailleurs un droit incontestable.

L'angélique Docteur nous fournit cette excellente *doctrine* : Dieu en nous révélant un objet, l'Église en nous le proposant « ne le font pas apparaître [1] ». Ils ne le *montrent* pas dans son évidence objective ; ils ne le *démontrent pas* en réfléchissant sur lui l'évidence de vérités plus claires que lui. Ils nous « convainquent seulement qu'il est vrai », en le munissant de leur caution infaillible, de leur indubitable garantie. Lors même qu'ils le prennent dans l'ordre naturel où il est évident, ils font abstraction de cette évidence et nous l'affirment au même titre que les objets d'ordre surnaturel, non *parce que* son évidence est manifeste, mais *parce que* sa réalité est assurée par leur révélation et leur proposition.

» Il n'y a qu'une seule grâce qui fasse l'évidence complète sur les objets de l'affirmation divine ; c'est la grâce suprême de la vision béatifique, et justement elle ne s'appelle plus *grâce*, mais *lumière de gloire*. Il n'y a qu'une catégorie *d'intelligences surnaturalisées* qui soient *nécessitées* à tenir pour vrai ce que Dieu nous révèle, ce que l'Église nous enseigne, c'est la céleste catégorie des anges et des élus. Sur cette terre, l'objet de la foi est toujours *obscur*, même pour les esprits les plus sublimes naturellement, les plus éclairés surnaturellement [2]. »

C'est une grande et lumineuse page de théologie que celle-là ! Tous ceux qui la comprennent peuvent nettement distinguer le point précis par où le domaine de la science naturelle et celui de la science surnaturelle diffèrent l'un de l'autre. Ce n'est pas précisément par l'*obscurité* de l'objet connu que diffèrent ces deux domaines, car aucun des phénomènes de la Nature qu'étudient les sciences expérimentales n'est lumineux pour nous, si nous le

1. *De Verit.*, question 14, art. 1-3, art. 9, 4^{m}.

2. Morale surnaturelle spéciale, théorème XXXIe.

considérons en lui-même. Le mystère ou l'inconnaissable dresse devant notre esprit sa barrière, à propos de n'importe quel objet examiné. Le feu, l'air, l'électricité, tous les corps simples et tous les phénomènes ou manifestations de diverses substances dont se compose l'univers nous demeurent inconnus dans leur essence. Quand nous avons dit : ce sont des forces de diverses qualités, il nous reste à demander : qu'est-ce qu'une force ? Et la réponse sera : mystère. Ce n'est donc pas par l'obscurité des objets qui les constituent que les deux domaines de la raison et de la foi se différencient. Cette différence provient de ce que l'univers dont la raison étudie les forces nous est *présent*, malgré l'impénétrabilité intellectuelle qu'il nous oppose, tandis que Dieu, dont la foi nous fait connaître la parole révélée, nous demeure *invisible*. C'est pourquoi Moïse suppliait Dieu, — qui lui avait parlé si fréquemment, — de se rendre visible à son regard. « Seigneur, faites que je vous voie ! » s'écriait le prophète. Et Dieu lui répondit : « Aucun homme ne pourrait me voir, ici-bas, sans mourir. »

La vision de l'Infini, en effet, ne peut avoir lieu, pour nous, sur la terre. Elle nous est réservée dans le Ciel, comme la suprême récompense de notre foi. La foi a donc cela de particulier que son objet ne nous est pas *présent* : de là le mystère qui lui est propre, et qui est pour nous plus douloureux que le mystère de l'univers. L'univers est visible, quoique mystérieux. Dieu est tout ensemble mystérieux et invisible.

Et voilà ce que la belle page de M. le chanoine Didiot, que nous venons de citer, enseigne avec une extraordinaire clarté. Tout son cours de *Théologie catholique* est de même sorte. Pourquoi faut-il que cet édifice grandiose soit demeuré inachevé ? — Qu'importe, il en est de lui, comme de cette tour gigantesque que l'on admire à Bologne et dont la masse imposante manque de couronnement. On ne peut passer, devant elle, sans éprouver une admiration profonde. Quelle puissance dans les bases ! Quelle majesté dans l'aspect ! Quel équilibre dans les proportions ! Malheureusement, ce chef-d'œuvre est inachevé : la mort a terrassé l'architecte, au moment où il allait terminer son sublime travail. Ainsi en est-il de M. Didiot : il nous a quittés au moment où ses plus belles conceptions allaient mieux manifester encore son génie théologique. Même aventure d'ailleurs pour saint Thomas d'Aquin, sa *Somme* est incomplète. C'est un monument qui attend et attendra toujours sa *corniche supérieure*. Cette pensée qui nous attriste a pu, cependant, à ses derniers moments, être consolante pour l'éminent doyen de la faculté de théologie de Lille : elle lui rappelait qu'il ressemblait, une fois de plus à son incomparable maître.

CHAPITRE VII

LES DERNIÈRES ANNÉES — LA MORT.

En 1899, un événement inattendu faillit déterminer un notable changement dans la paisible existence de M. le chanoine Didiot. L'évêque de Verdun, Mgr Pagis, désespérant de conserver une santé suffisante pour remplir ses importantes fonctions, résolut de prendre sa retraite. Son principal souci fut d'obtenir un successeur digne de confiance et son choix s'arrêta bien vite sur l'éminent théologien. Des ouvertures furent faites en ce sens à la Direction des cultes, où l'on accueillit fort mal cette candidature. L'évêque de Verdun en fut attristé. Quant à M. Didiot, il ne se montra pas autrement ému [1], comme le prouve la lettre suivante qu'il adressait à Mgr Pagis :

« Monseigneur,

» Mes habitudes et mes goûts s'accommodent très bien de la réponse de M. le Directeur des cultes. Je souhaite uniquement que la volonté divine se fasse, avec préférence très vive pour qu'Elle me laisse *in angulo cum libro*.

» Le jour où je fus ordonné sous-diacre, tout seul, dans la chapelle de l'évêché de Verdun, je renonçai très nettement et très froidement à tout ici-bas, particulièrement à tous les honneurs ecclésiastiques,

---

1. Quinze ans auparavant, de pressantes instances avaient déjà été faites auprès du vénéré chanoine par un puissant prélat pour conquérir son adhésion à des pourparlers imminents entre le Saint-Siège et le gouvernement, concernant son élévation à l'épiscopat. « M. le doyen, lui disait-on, vous avez tort de refuser, vous privez l'Église de France d'un pontife exemplaire, vous êtes unanimement désigné. — Eminence, répondit-il, si au bout de cette vie il n'y avait pas la mort, et puis ensuite le jugement, je dirais oui, parce que je serais exempt de toute responsabilité. » Et comme son interlocuteur insistait, il répliqua : « Eminence, que voulez-vous, l'élévation à l'épiscopat dépend d'une question préjudicielle dont tout le reste dérive : il faut premièrement avoir la vocation ; or, Eminence, je ne l'ai pas, c'est donc radicalement impossible. »

ne demandant à la Providence que le moyen d'être bon théologien au service de mon évêque. Ce fut toute la prière de ma « prostration ». Si elle n'a pas été exaucée dans toute son étendue, je crois que ce n'est pas de ma faute [1].

» Veuillez agréer, Monseigneur, mes très respectueux et très affectueux hommages. »

A la même époque, M. le chanoine Didiot reçut de Mgr l'Archevêque de Cambrai, qui l'estimait beaucoup, une délicate mission. Il fut chargé de présider, à Saint-Saulve, le tribunal diocésain qui devait s'occuper du procès de béatification des Ursulines de Valenciennes [2], décapitées en 1794, en haine de la foi.

On s'aperçut tout de suite qu'aucun détail n'échappait à sa vigilance. Alors qu'il semblait fort difficile de recueillir des témoignages précis, et plus encore d'en obtenir d'un peu étendus sur des événements déjà fort éloignés, M. le chanoine Didiot savait amener les témoins à développer leur déposition. Par de judicieuses questions, il réveillait même en eux des souvenirs en voie de disparaître.

La direction des vingt-six séances tenues par le tribunal, une correspondance volumineuse à dépouiller, plusieurs discours à prononcer, et d'autres travaux non moins importants, dont il devait

---

1. Il est un texte de sainte Thérèse qui avait tout particulièrement frappé M. Didiot et qu'il se plaisait à citer, le voici : « Je désire plus ardemment que jamais, dit la grande sainte, que Dieu ait à son service des hommes qui unissent à la science un entier détachement de toutes les choses d'ici-bas qui ne sont que mensonge et dérision. Je sens l'extrême besoin qu'en a l'Église ; et j'en suis si vivement touchée qu'il me semble que c'est se moquer que de s'affliger d'autre chose. C'est pourquoi je ne cesse de recommander à Dieu cette affaire, persuadée qu'un de ces hommes parfaits et véritablement embrasé du feu de son amour fera plus de bien et sera plus utile à sa gloire qu'un plus grand nombre d'autres, tièdes ou ignorants. »

2. C'étaient les mères Nathalie *Vanot* et Laurentine *Prin*, toutes deux de Valenciennes, les mères Ursule *Bourla* et Marie-Louise *Ducrel*, nées à Condé, la révérende mère Clotilde *Paillot*, supérieure, née à Bavai, les mères Augustine *Desjardins*, Joséphine et Scholastique *Leroux*, nées à Cambrai ; les mères Anne-Marie *Erraux* et Françoise *Lacroix*, toutes deux de Pont-sur-Sambre, et sœur Cordule *Barret*, de Sailly-en-Ostrevant.

M. le chanoine Didiot, président du tribunal, avait comme *assesseurs* M. le chanoine Pannier, professeur d'écriture sainte, et M. l'abbé Bernot, docteur en droit canonique. M. Salembier était *promoteur de la foi*, M. l'abbé Hermann Carlier, *notaire*, et M. Joseph Denimal, *huissier* du tribunal diocésain.

Quarante-trois témoins furent successivement interrogés, parmi lesquels M. Henri Wallon, sénateur du Nord, petit-neveu de la mère Clotilde Paillot ; M. Charles d'Héricault ; M. Charles Thellier de Poncheville, ancien député ; M. Carlier-Bracq, ancien maire de Valenciennes.

s'occuper, ne suffirent pas pour épuiser le zèle du courageux président.

Aux heures de liberté, il trouvait son délassement dans des conversations, dont lui-même faisait tous les frais.

Le procès eut sa conclusion en présence de l'archevêque de Cambrai, Mgr Sonnois, et de Mgr Monnier, évêque de Lydda. Aucun de ceux qui eurent le bonheur d'assister à la séance de clôture n'oubliera, avec quelle affirmation triomphante, l'éloquent président exposa alors sa conviction raisonnée et intime sur la sainte vie et la mort héroïque de ces bonnes religieuses.

Dans ces sentiments de pieuse vénération il composa le *Mystère des XI Ursulines de Valenciennes*, pour servir de joyeux couronnement aux travaux du tribunal [1].

Fidèle jusqu'à la fin à sa devise : *Sanctam romanam ecclesiam promovere*, M. Didiot ne perdait pas une occasion de provoquer et d'activer le grand mouvement qui entraînaît l'Université catholique de Lille dans les entreprises de zèle et de charité : « Il y a une satisfaction, disait-il alors, qu'il serait possible d'accorder aux grandes cités qui nous entourent. Les communications devenant de plus en plus fréquentes et faciles entre le *boulevard Vauban* et les vastes salles de conférences que possèdent Roubaix, Tourcoing, Armentières, nos professeurs pourraient organiser dans ces villes sœurs des séries de leçons et de conférences qui mettraient davantage notre enseignement à la disposition de ceux qui ne peuvent venir le chercher auprès de nous. » Il eut la joie de voir son désir exaucé. Lui-même fit aux jeunes filles des conférences sur Dante, qui eurent un grand succès.

A Mgr Pagis avait succédé, sur le siège épiscopal de Verdun, Mgr Dubois. Un de ses premiers actes fut de nommer vicaire général M. le chanoine Didiot. Mais l'évêque de Verdun voulut faire davantage. Désireux de développer dans son diocèse le goût des fortes

1. L'année suivante M. le chanoine Didiot allait présider au grand séminaire de Cambrai un autre tribunal en vue de la béatification des sœurs de charité décapitées à Arras au moment de la Révolution. En même temps il écrivait le chapitre *Philosophie* pour le *Livre d'un siècle*, important ouvrage publié en France sur le désir du Pape Léon XIII.

études, et ayant résolu de transformer son séminaire en grande *école de théologie*, Mgr Dubois songea sérieusement à rappeler auprès de lui le savant professeur. Il lui fit écrire en ces termes, par son secrétaire particulier :

« Cher et vénéré Monsieur le Chanoine,

» Permettez-moi de vous offrir les fonctions de supérieur du grand séminaire de Verdun. Tous vos anciens élèves vous gardent la plus affectueuse gratitude, tous les prêtres du diocèse vous tiennent en grand honneur, nous serions très heureux de vous voir rentrer dans le diocèse.

» Vous seriez en même temps le restaurateur de notre grand séminaire. Cette chère maison, qui a bénéficié de vos débuts, reprendrait par vous une prospérité nouvelle et vous exerceriez sur tout le clergé du diocèse la plus salutaire influence.

» En faisant appel au dévouement du prêtre distingué qui est l'honneur de son diocèse, Sa Grandeur sait que le séminaire et le clergé de Verdun lui ont toujours tenu à cœur.

» Veuillez agréer, cher et vénéré M. le chanoine, l'hommage de mes sentiments de respectueux et filial attachement en N.-S. »

M. le chanoine Didiot crut devoir refuser. Il fondait, non sans raison, sa résolution sur le mauvais effet que produirait son départ de l'Université.

Répondant à l'appel des professeurs de la faculté de Théologie de Paris, qui venaient réclamer son concours, M. Didiot acceptait, en ce moment même, d'écrire un important ouvrage sur la *Théologie du Concile de Trente*. Il publiait aussi un de ses derniers livres : sa *Contribution philosophique à l'étude des sciences*.

Sur ces entrefaites, des deuils de famille vinrent attrister son excellent cœur. La mort de M. le curé d'Esnes, M. l'abbé Henry, fut pour lui un surcroît de douleur. « Je suis incapable, disait-il, de sortir de tant de tristesses qui m'ont assailli de toute part, car cette année les deuils ont été fort nombreux et fort terribles aussi. Depuis 1860, je ne fus jamais si éprouvé. »

Malgré tout, M. Didiot ne perdait rien de sa constante activité.

Il allait diriger à Dunkerque une très belle réunion eucharistique « où il parlait *quatre heures d'horloge* ». Puis il prêchait sur le Saint-Sacrement un peu partout : chez les Sacramentaires de Lille, à l'église du Sacré-Cœur, dans plusieurs monastères de Belgique. Il acceptait même de présider quelques distributions de prix.

Il écrivait alors à Madame Alix Didiot : « Je suis toujours le même homme, occupé aux mêmes choses, et de la même façon. La cérémonie du Mont-des-Cats a été splendide. Mais on ne dort guère, chez ces bons trappistes qui, à une heure et demie du matin, commençaient l'office chanté avec orgue. Je leur ai dit la messe conventuelle à cinq heures et demie. La grand'messe était à huit heures et demie, et elle finit à onze heures. A midi je les ai de nouveau harangués au chapitre, puis au noviciat.

J'ai beaucoup prêché à Solesmes, au Cateau, et il faisait terriblement chaud par là ; c'était tout de même très beau.

Je me suis remis à mon gros volume, qui avance ; j'espère pouvoir le terminer avant octobre. »

Le 5 juillet 1902 eut lieu à Esnes une émouvante cérémonie. Ce jour-là, le neveu d'adoption de M. Didiot, M. l'abbé Georges Mouton [1], célébrait sa première messe. Mgr l'évêque de Verdun avait voulu lui accorder, ainsi qu'à sa famille, une marque de haute bienveillance en présidant à cette solennité. L'homélie fut donnée par M. le chanoine Didiot, devant une assistance considérable, avec une émotion contenue que l'on devine aisément.

Ce fut le dernier rayon de soleil qui illumina l'existence de notre vénéré maître.

Un mal implacable qu'il cachait avec soin à tout le monde commençait à le consumer [2]. On vit bientôt qu'il perdait sa bonne et franche humeur, et ses étudiants remarquèrent que sa charge de professeur semblait lui peser.

---

1. M. Didiot avait reporté sur lui l'affection qu'il avait pour son père, qu'il regardait comme un véritable frère.

2. « J'avais l'occasion fréquente, dit M. le chanoine Boulay, de le rencontrer au jardin botanique, et de jouir de sa conversation toujours si intéressante et si instructive ; puis tout à coup il se fit rare. Un jour, le voyant dans la rue, marcher à très petits pas, je lui demandais s'il était souffrant ; il me répondit en termes évasifs. Déjà alors il était trop tard. »

Dès les premiers jours de janvier 1903 il écrivait à un de ses anciens élèves :

« Mon cher ami,

« Votre cœur ne vieillit pas, et il a bien raison ! le mien tâche de l'imiter. Cela fait que nos souhaits mutuels sont bons, chrétiens, sacerdotaux. Dieu les entendra donc.

» J'ai été très heureux de notre courte mais cordiale entrevue, et j'en ai béni Notre-Seigneur.

» Nous avons repris aux deux bouts de la France notre... fagot d'épines ; combien de temps encore le porterons-nous ?

» Je songe assez souvent à ma *retraite* que les événements m'imposeront, plus tôt peut-être que l'âge. Vous qui avez habité Lérins, dites-moi donc, mon cher ami, si je ne pourrais pas, et ne devrais pas y achever ma vie et ma tâche. L'été y est-il tenable et les moines aimables ?

» Vous le voyez, je me mets à examiner sérieusement de quelle manière il faut finir.

» Priez pour moi, et ce sera une vraie aumône à un vrai pauvre. »

Peu à peu cependant la maladie faisait son œuvre, viciait les organes, et obligeait l'éminent professeur à donner suite à son projet. Au mois de juin, découragé et n'en pouvant plus, il envoyait sa démission à Mgr Baunard.

« J'espérais, lui écrivait-il alors, me dévouer encore au moins un an. Mais le climat de Lille me devient nuisible, à un degré presque décourageant et directement opposé à l'exercice de la parole, qui est mon premier devoir. Je ne crois pas prudent de prolonger davantage une lutte physique, pour laquelle je n'ai que des forces morales. N'aimant guère me plaindre, j'ai pu me laisser croire dans un meilleur état de santé, mais je ne réussirai bientôt plus à en dissimuler la très réelle médiocrité. [1] »

---

1. Mgr Baunard fit en vain, tous ses efforts pour retenir M. le chanoine Didiot : « Vous ne voudrez pas, lui écrivait-il, abandonner l'Université à cette heure de menaces et de péril pour l'enseignement supérieur. Je vous sais trop gentilhomme pour cela et surtout trop dévoué au service d'une cause et d'une œuvre qui se confondent avec la cause même de la sainte Église que nous servons.

» Je viens donc, cher collègue, vous demander en mon nom, au nom de Mgr le

Quelques jours après M. Didiot adressait à Mgr l'Archevêque de Cambrai les lignes suivantes :

« Monseigneur,

» Pour de sérieuses raisons de santé, j'ai demandé ma mise à la retraite, et cette requête vous sera présentée, avec renseignements à l'appui, dans la prochaine séance du conseil supérieur de l'Université catholique.

» Après vingt-six ans d'enseignement à Lille, sans compter six années d'enseignement et de grand séminaire ailleurs, j'ose réclamer de votre haute bienveillance cette dernière marque de bonté, et j'ose dire, de compatissance. C'est du reste une solution utile à l'enseignement, à l'Université même.

» Dans votre condescendance paternelle je trouverai, Mgr l'Archevêque, une puissante consolation, dont j'ai fort besoin, et une raison nouvelle de me dire

» de Votre Grandeur

le très humble et très respectueux serviteur. »

L'état de santé de M. le chanoine Didiot devint subitement alarmant et des crises aiguës firent craindre un fatal dénouement [1]. On comprit qu'il était nécessaire d'accorder au vénéré malade la faveur qu'il réclamait. Mgr de Lydda, chancelier honoraire de l'Université, lui fit connaître en ces termes la décision du conseil d'administration de l'Université :

Chancelier, au nom de l'Université, pour laquelle vous êtes à la fois une nécessité et une force, comme aussi une fierté, de demeurer encore nôtre et de ne pas ajouter une tristesse et un grave embarras de plus aux douleurs et aux difficultés qui nous sont l'angoisse de l'heure présente. »

1. C'était le 8 juillet 1903. M. le chanoine Didiot était sorti avec un des étudiants de la Faculté de Théologie; il lui parlait de l'infaillibilité de l'Église, momentanément privée de son chef visible. « A peine mon maître eut-il prononcé quelques paroles, dit celui-ci, qu'il ressentit une grave indisposition qui se traduisit sur son visage. Moi qui ne l'avais jamais connu malade, je le regardai avec étonnement. En moins de cinq minutes, sa respiration devint si pénible, que je craignis une suffocation ; sur un signe qu'il me fit, je courus lui préparer une cigarette. C'est en aspirant la fumée de cette cigarette qu'il se remit peu à peu. Je fis venir une voiture de place et nous retournâmes ensemble. J'appris dans la suite que cet accident n'était autre chose qu'un symptôme de l'albuminurie. Mon maître me défendit d'en parler à qui que ce fût. » — Peu après, M. Didiot eut une crise semblable en se promenant sur le boulevard de la Liberté.

« Monsieur le Chanoine,

» Mgr l'Archevêque et moi, nous étions, en allant assister au Conseil supérieur, dans la résolution de vous retenir parmi nous jusqu'à votre retraite régulière.

» Si la faculté de théologie a joui d'une réputation de savoir et de bonne doctrine, elle le doit, en très grande partie, à l'éminence de votre talent, à l'éclat et à la solidité de votre enseignement, à l'importance de vos écrits théologiques.

» Nous tenions donc à vous retenir, tout au moins pour la prochaine année scolaire, qui peut-être sera la dernière! S'il faut mourir par la plus injuste des tyrannies, il importe de mourir avec honneur et dans l'éclat d'une incontestable supériorité.

» Mais devant les révélations certaines qui nous ont été faites sur l'état de votre santé, sur les crises qui l'ont cruellement éprouvée et qui pourraient se reproduire, nous n'avons pas osé être égoïstes jusqu'au bout, et vous refuser un repos qui vous est nécessaire et que vous avez si bien mérité.

» Quelque part que vous vous retiriez, notre reconnaissance et notre estime vous suivront fidèlement; nous prierons Dieu de rétablir votre santé, et de vous faire jouir, même sur la terre, des fruits de vos doctes enseignements. Les élèves que vous avez instruits, les professeurs que vous avez formés, en demeurant fidèles aux saines doctrines, seront votre honneur, votre consolation, votre espérance.

» Veuillez agréer, Monsieur le Chanoine, cet affectueux et sincère hommage de notre estime et de notre reconnaissance. »

Ce fut en vain que quelques amis cherchèrent à le retenir près de Lille : une lettre du 15 août fait connaître son irrévocable décision de se retirer en Lorraine : « Ma chère Alix, y disait-il, je commence ce matin ma soixante-quatrième année... ce sera s'il plaît à Dieu une année de repos et de silence dans la solitude et dans l'étude, après plus de quarante ans de travaux ininterrompus. C'est fait. J'ai loué, de la bonne Madame de Chanteau, une de ses maisons de Montbras que les ouvriers ont commencé d'approprier depuis huit jours, et où j'espère m'installer vers la fin de septembre [1]. J'y serai au grand air,

1. M. le chanoine Didiot prenait un soin particulier pour écarter de l'esprit de sa bien-aimée sœur toute inquiétude. Comme madame Alix Didiot lui avait

entre deux jardins, à cinquante pas d'un oratoire, dans une maison qui me paraît commode.

» Vous le pensez bien, ce changement n'est pas sans émotions... Les détails de mon déménagement sont déjà ennuyeux, et le deviendront davantage; mais la perspective de la tranquillité où j'arriverai en automne me donnera patience et courage. Les mauvais temps que nous subissons sous ce mauvais climat me feront goûter davantage ce petit promontoire féodal, où la Providence me conduit. »

Le 15 septembre, il écrivait encore : « J'ai souffert de la tempête, je crains le froid, je retarde prudemment mon départ .. Je me suis réfugié dans l'institut du docteur Salmon, à Canteleu, n'ayant plus ni feu, ni lieu, dans ma maison déménagée. Vous voyez que je sais prendre des résolutions !... »

Dans sa retraite, M. le chanoine Didiot vivait isolé ; il avait donné l'ordre de n'introduire auprès de lui aucun visiteur [1]. Un de ses anciens élèves fut cependant l'y surprendre un mercredi d'octobre, et il eut avec lui un émouvant entretien. Il ne se doutait guère alors, à le voir souriant sous ses beaux cheveux blancs, qu'il l'entendait pour la dernière fois. Il lui semblait, au contraire, que l'air natal achèverait de le remettre, et qu'il prenait après tout le bon parti, en allant demander une meilleure santé aux collines boisées de l'Argonne qui s'honorent d'avoir ombragé son berceau. C'était là, il faut le dire, une étrange illusion !

Le 19 octobre 1903, M. le chanoine Didiot quitta Canteleu; deux amis dévoués lui avaient fait promettre de les avertir de l'heure

---

adressé une lettre fort désolée, après avoir entendu dire qu'il était malade, il lui envoyait par retour du courrier les lignes suivantes : « Ma chère Alix. — Les gens qui racontent ce dont ils ne savent pas le premier mot sont prodigieux. Quand je vous dirai ce qu'ils ignorent et qui ne les regarde pas, vous hausserez les épaules jusqu'à la hauteur d'un cinquième étage. J'avais le droit, ne leur déplaise, de quitter ma maison pour la louer à d'autres; et j'ai le droit d'attendre telle date, pout m'installer à Montbras... Vous pouvez vous rassurer en pensant que si j'ai pris la résolution de me retirer il y a un an, je n'ai jamais été plus malade depuis, que vous ne m'avez vu alors. Et puis n'en parlons plus. — (Ma plume est mauvaise, mais non malade !) — »

1. M. Didiot voyait bien la gravité de son mal. Un jour que la personne qui devait le servir dans sa nouvelle résidence allait prendre ses ordres à Canteleu, il lui dit brusquement : « Vous me parlez de Montbras.... Mais, irons-nous à Montbras ?...» — Cependant il ne parlait pas de son état de santé, fidèle jusqu'à la fin à la constante pratique de toute sa vie : « N'exciter aucune émotion. »

exacte de son départ; les lettres qui les prévenaient leur parvinrent malheureusement trop tard . . .

Lorsque la voiture qui l'emmenait arriva à la gare de Lille, au moment d'abandonner pour toujours cette ville, où il avait si bien travaillé, M. Didiot ne put contenir plus longtemps son émotion, et il pleura comme un enfant. Il revoyait, sans doute, à travers ses larmes, le jour où vingt-six ans auparavant, plein d'ardeur et d'espérance, il était venu fonder ce collège théologique qu'il devait illustrer; il pensait à ses anciens élèves qui formaient déjà comme une petite école; il songeait enfin à ces œuvres nombreuses, auxquelles il aimait à prodiguer le meilleur de son cœur, et qu'il se voyait, bien à regret, obligé d'abandonner.

Il arriva à Montbras épuisé de fatigue. Mme de Chanteau le trouva si changé qu'elle ne l'aurait pas reconnu, si elle n'avait su que c'était lui. « Quelle imprudence, disait-elle, de l'avoir laissé voyager dans un pareil état! »

Lui cependant s'empressait de rassurer sa bien-aimée sœur: « Je suis installé chez moi depuis lundi, lui écrivait-il le 22 octobre, mon voyage ne m'a pas fatigué sérieusement; maintenant je vais me reposer. Ma maison est fort agréable, et je crois que le climat est bon. »

Le 5 novembre il lui disait encore : « Ma chère Alix, je m'acclimate peu à peu, avec la confiance d'avoir suivi la meilleure inspiration d'en haut. Les petites misères d'ici ne sont rien auprès de celles que j'ai connues ailleurs, et elles ont leurs larges compensations. Si je me tiens encore coi, pour ne pas être imprudent, je ne manque ni de bonne compagnie, ni de bonnes promenades. Je crois même toucher au terme de la fort petite indisposition qui ne m'a pas imposé une seule demi-heure de lit. Mille bons compliments. »

Le 25 novembre la situation empira subitement, et M. le chanoine Didiot dut s'aliter. Le médecin jugea dès lors qu'il était perdu.

On ne remarquait cependant chez le vénéré malade aucune impatience : son courage était plus grand que ses souffrances. Parfois, dans de rares instants de délire, on l'entendait réciter quelques leçons du bréviaire, puis il se ressaisissait d'une étonnante façon.

Le 16 décembre, M. l'abbé Mouton lui apporta le saint viatique; il le reçut à genoux quoiqu'il fût d'une extrême faiblesse.

Le 18, un évanouissement fit craindre un prochain dénouement;

vers le soir on lui administra le sacrement de l'extrême-onction. Lui-même répondit aux prières, offrant à Dieu ses souffrances, en union de celles que le Christ a souffertes pour nous.

Le 20, quatrième dimanche de l'avent, dans la matinée il reçut une dernière absolution avec l'indulgence plénière. La journée fut calme, M. Didiot souffrait peu, il s'éteignait doucement avec une connaissance parfaite. Il priait sans cesse, tenant en mains un crucifix qu'il serrait encore sur son cœur lorsqu'il rendit le dernier soupir. A sept heures, il expira très paisiblement tandis que l'on récitait pour la seconde fois auprès de lui les prières des agonisants.

Voici en quels termes M. le curé de Pagny a raconté à Mme Alix Didiot les derniers moments de notre regretté maître :

« Pagny, 20 janvier 1904.

» Madame,

» Je m'étais réjoui de l'arrivée à Montbras de M. le chanoine Jules Didiot. Il avait été mon professeur de philosophie en 1865 et 1866, et de théologie dogmatique de 1868 à 1869. Apprenant qu'il ne pouvait sortir, je m'étais empressé de lui faire visite et de renouveler connaissance. Avec quel plaisir nous avons causé du passé et du présent ! Comme je me promettais de le visiter souvent ! Et je lui disais : chassez-moi, quand vous verrez que je vous fatigue. Toutes mes belles espérances se sont évanouies. La maladie a pris des proportions inquiétantes au bout de quelques semaines. M. le chanoine ne se croyait pas assez malade pour recevoir chez lui la sainte communion. Cependant, quelques jours avant la fête de l'Immaculée Conception, lui parlant de cette solennité que nous allions célébrer avec grandes cérémonies, il m'a demandé de le confesser. Il était convenu que je lui apporterais la communion dès le matin. Malheureusement les matinées étaient mauvaises, M. le chanoine était plongé dans une somnolence difficile à vaincre. Vous avez appris comment nous lui avons donné vers trois heures du soir l'Extrême-Onction et l'indulgence plénière. Il a répondu à toutes les prières. M. le chanoine voyait bien sa situation. Le dimanche matin, jour de sa mort, vers huit heures, je suis entré dans sa chambre. Je lui ai parlé. Il a mis la main sur ses yeux pour me regarder et me reconnaître. Je lui ai dit :

M. le chanoine, je vais vous donner une dernière absolution. Puis, après l'avoir exhorté à se recommander à la Sainte Vierge, à saint Joseph, à son ange gardien, je lui dis au revoir. Il m'a serré la main en me disant : Merci, mon cher ami. Ce furent ses dernières paroles. Il retomba dans une sorte de somnolence qui précédait l'agonie. Sans trop de souffrances, il a rendu sa belle âme au bon Dieu, à ce Dieu qu'il avait tant aimé et si bien servi. Sa mort, je vous l'assure, m'a été bien sensible : j'ai peine à croire qu'il n'est plus là... Mais ne le pleurons pas !... il voit, il contemple ces splendeurs qu'il savait si bien nous décrire. »

Les funérailles eurent lieu à Esnes [1] le 23 décembre ; elles furent simples [2] comme il l'avait souhaité : au recueillement de la foule on pouvait juger des regrets profonds que laissait après lui le grand théologien... Au premier rang s'avançait Mgr l'Évêque de Verdun ; à ses côtés se tenaient le supérieur du grand séminaire et les vicaires généraux, puis venaient les curés et les doyens des cantons voisins. L'Université catholique de Lille avait envoyé, elle aussi, de nombreux délégués.

Avant l'absoute, Mgr Dubois, en quelques mots émus, rendit hommage au prêtre savant et vertueux, chez qui le zèle apostolique était à la hauteur de la doctrine.

« Je suis venu associer mes regrets, dit-il, à ceux d'une honorable et chrétienne famille, à ceux de l'Université catholique de Lille, à ceux du clergé du diocèse. Je suis venu apporter l'hommage suprême de mes prières et de ma vénération au *prêtre docte et parfait* que fut le vénérable et discret maître Jules Didiot, mon vicaire général, chanoine des cathédrales de Verdun, de Cambrai et de Bayeux,

1. Le 22, un premier service eut lieu à Taillancourt: on n'y connaissait que de nom le défunt, mais la population se montra très sympathique, et toutes les familles y étaient représentées. Le corps fut ensuite transporté dans l'église d'Esnes, qui avait été restaurée et embellie par les conseils et avec le concours du regretté professeur : il fut veillé pendant toute la nuit par des habitants de la paroisse.

2. Je veux, avait-il écrit, un enterrement pauvre, exactement comme celui des Jésuites : l'économie ainsi faite profitera aux pauvres de ma paroisse de résidence, et de Souilly et d'Esnes.

Je ne désire pas d'être inhumé plutôt en un lieu qu'en un autre. N'importe quel coin de terre, avec une petite croix modeste.

doyen honoraire de la Faculté de Théologie de l'Université catholique de Lille.....

» M. le chanoine Jules Didiot honorait le diocèse de Verdun, l'Université catholique de Lille, je devrais dire le clergé de France tout entier, et il en demeurera l'une des plus pures gloires, car il fut bien le prêtre savant et parfait qu'Esdras voulait donner à son peuple et que Dieu a daigné susciter parmi nous. *Sacerdos doctus et perfectus*.

» *Doctus*. C'était un docte. Au petit séminaire, élève brillant, toujours le premier, il fut l'émule du regretté M. Guillaume et du bon Mgr Enard. Au grand séminaire, il se distingue entre tous, et Mgr Rossat l'envoie compléter ses études à Rome. C'est là qu'il puisa cet amour ardent pour l'Église et pour le pape, dont la manifestation devait avoir, au début de sa carrière, un grand retentissement et des conséquences providentielles... Maître dans l'art d'enseigner, il fut maître aussi dans l'art d'écrire. Son enseignement s'inspirait du maître entre tous les maîtres, saint Thomas, dont il écrivit la vie avec tout l'amour et l'admiration d'un disciple...

» *Perfectus*. Ce fut un prêtre parfait [1]. Sa piété était fervente. Tout en lui était droit, digne, austère, surnaturel, c'est-à-dire selon Dieu. S'il fut l'homme d'esprit, d'esprit fin et cultivé, il fut avant tout l'homme de Dieu ; s'il fut un caractère chez qui l'énergie s'alliait à la douceur, la fermeté à la bonté, il fut avant tout un prêtre. Il eut en lui les fortes vertus du prêtre, elles l'enveloppèrent tout entier, ressort visible ou caché de sa vie sacerdotale. Il ne lui manqua même pas ce qui donne à la vertu ce je ne sais quoi d'achevé dont parle Bossuet, la souffrance ; ici je veux dire les souffrances morales...

» Il aima l'éloquence, il y fut un maître, et sa parole apostolique a retenti dans nos grandes chaires, comme dans nos plus modestes églises, au sein de nos solennelles assemblées et de nos congrès catholiques, comme dans les diverses réunions d'œuvres de tout nom, auxquelles il prêtait son dévoué concours.

» Il aima la poésie, la musique, comme argumentatrices de la foi.

---

1. Ceux qui eurent le rare bonheur de vivre dans son intimité, savent que cette parfaite dignité ne l'abandonnait jamais. Sa demeure était ornée très simplement. On admirait dans le salon un magnifique crucifix placé au dessus d'une pendule de marbre, que dominait un admirable portrait de saint François de Sales. Chez lui, M. Didiot se tenait le plus souvent dans sa vaste bibliothèque. Quant à ses repas, ils étaient d'une frugalité exemplaire.

Il cultiva l'archéologie sacrée et sut promouvoir d'artistiques travaux. Tout ce qui était religieux, intelligent, généreux, élevé, tout ce qui était le bien, le beau, le vrai, tout ce qui avait une flamme ou des ailes, tout cela passionnait son âme sacerdotale.

» Et ce prêtre parfait, forcé par l'implacable maladie de renoncer à ses labeurs aimés, dut quitter sa chère Université de Lille, pour venir dans la retraite mener, comme il me l'écrivait, la vie d'un moine, *ruri vitam monachi agens*, pour se préparer dans la prière et l'étude à paraître devant Dieu... »

Sur la tombe [1] trois discours furent prononcés. M. le chanoine Rambure parla d'abord au nom de Mgr le Recteur qui l'avait délégué ; le doyen de la Faculté de Théologie « remplit ensuite le devoir de sa charge, le vœu de ses confrères, et celui des anciens élèves, en disant au nom de tous, l'adieu suprême au regretté doyen honoraire. » Enfin M. Eugène Duthoit, professeur à la faculté libre de droit et ami personnel du défunt, montra l'action bienfaisante que M. le chanoine Didiot avait exercée sur tous les ordres d'enseignement dont l'harmonieux ensemble constitue l'Université catholique de Lille [2].

Bientôt arrivèrent à la Congrégation Notre-Dame de Verdun, les lettres de condoléances. L'une d'entre elles surtout est remarquable : elle est de l'éminent Recteur des Facultés catholiques de Lille, Mgr Baunard [3]. Il sut exprimer les regrets qu'il éprouvait avec cette

---

1. C'est au cimetière d'Esnes, dans un modeste caveau, que repose le corps de notre regretté maître. Sur la croix de marbre qui surmonte le monument, un Christ de bronze, don d'anciens élèves reconnaissants, étend les bras ; au-dessous se dessine en relief le magnifique blason de l'Université catholique de Lille, à laquelle M. le chanoine Didiot consacra les plus belles années de sa vie. On y lit cette épitaphe, qu'il a lui-même choisie :
Orate pro peccatore Julio Didiot sacerdote, qui annos natus LXIII, jubente Christo ejus, obiit die XX mensis decembris, anni MCMIII. — In pace.

2. « Quand la Faculté de droit institua une Section des sciences sociales et politiques, M. le chanoine Didiot fut un des premiers à soutenir cette entreprise et à y collaborer de la façon la plus active. Il accepta de donner l'enseignement de la sociologie, et, pendant dix ans, les élèves de la Section furent les disciples fidèles de ce maître qui projetait sur les questions les plus troublantes la pure lumière de l'Évangile et de la tradition catholique. »

3. A la séance de rentrée des Facultés, Mgr Baunard faisait encore ce bel éloge de notre maître : « La Faculté de Théologie, décapitée par sa mort ne saurait trop le pleurer : c'était le maître de ses maîtres. Penseur, érudit, écrivain, artiste, éminemment professeur, par tous ces dons, il régnait sur le cœur comme

délicatesse qui caractérise tout ce qu'il écrit. Ces lignes, qu'il adressait à Mme Alix Didiot, sont des plus belles qui soient tombées de sa plume :

« Gruson, par Cysoing (Nord).

» Madame,

» Votre grand deuil est le nôtre ; et il n'a fallu rien moins que des circonstances de force majeure pour que j'aie tardé jusqu'aujourd'hui à vous le dire. Vous voudrez bien m'excuser.

» Votre très regretté frère était pour nous une force et une gloire : la perte que nous faisons de lui est immense. Outre ce qu'il fut dans notre Université, il y a encore ce qu'il aurait pu devenir s'il se fût prêté tant soit peu à des promotions supérieures qui venaient au devant de lui. Il s'est tenu à l'écart, dans une solitude studieuse qu'ont pu regretter ses amis, dont je fus le premier, mais dont n'ont pu se plaindre ceux qui ont lu, ou qui reliront encore les écrits qui sont nés de cette retraite anticipée, où Dieu lui était tout et le reste presque rien.

» Sa retraite définitive qu'il m'avait demandée, et que je ne lui accordai que sur son insistance, tant il m'en coûtait de le voir s'éloigner, il se flattait de la partager bientôt avec vous. Cette pensée qu'il me confia fut la suprême espérance et consolation de son existence. Comme il était tout pour vous, ainsi que vous me le dites, vous étiez tout pour lui. Et cette communauté de vie d'une religieuse et d'un prêtre son frère, passant ensemble leurs dernières années dans l'exercice et l'émulation de la piété et des bonnes œuvres, lui était une perspective de félicité qui le guérissait par avance.

» J'habite la campagne, à plusieurs lieues de Lille. Je n'ai pu, hélas ! voir notre cher et bon malade avant son départ dont j'ai ignoré le jour. Ce m'est un profond regret. A quel point il était déjà touché par l'aile de la mort, je ne le savais pas, ou ne voulais pas le croire. Et, le jour de notre séance solennelle de rentrée, c'est

---

sur l'esprit de ses disciples qu'il emportait dans son haut vol. C'était l'autorité dans la majesté. Son prestige, qui fut grand, lui venait d'ailleurs encore : c'était un prêtre. Je pourrais citer de lui tel trait qui n'a son pareil que dans l'histoire des saints. Il fut généreux et clément, il sut donner et pardonner. A tous ces titres, M. Didiot méritait d'être heureux : il ignora trop l'art de l'être. Mais Dieu suffit à de telles âmes, et c'est Lui qui se réserve, en les rappelant à Lui, de les faire « entrer dans la joie de leur maître. »

sincèrement que je lui souhaitais et demandais de profiter de sa nouvelle vie, pour mettre le couronnement au grandiose édifice théologique dont les assises promettaient et présageaient un monument d'une rare beauté.

» Le bon Dieu n'a choisi pour lui ni cette douceur de vie auprès de vous, Madame, ni cette gloire suprême et posthume. Mais c'est à une meilleure gloire qu'il le prédestinait, et à une félicité de laquelle le partage avec sa sœur n'est que retardé, et dont votre aîné n'est entré en jouissance le premier que pour vous en ouvrir l'héritage.

» Avant le professeur, le docteur, l'écrivain, le penseur, il y avait chez lui le prêtre. Il l'était *éminemment*, Madame ; par sa foi, sa religion profonde, son zèle, son inaltérable orthodoxie : il ne vivait que de cela, il ne voyait qu'à cette lumière, il n'aimait qu'à travers ce cœur de son Seigneur et Maître. Et le réveil pour lui aura été beau, face à face avec Celui qui seul avait illuminé et béatifié toute son existence.

» Vivez de cet espoir, Madame. Et changez en société de foi et de confiance la société visible que vous espériez avec lui. Votre blessure est profonde, mais le saint amour est un baume qui adoucit bien des souffrances ; et de plus en plus, Madame, vous ne vivrez que de lui.»

Mgr l'archevêque de Cambrai prit également une part bien vive au deuil de l'Université, et Mgr de Lydda écrivit à Madame Alix Didiot la lettre touchante que voici :

« Cambrai, 17 janvier 1904.

» Très Révérende Mère,

» J'ignorais que le cher et regretté M. le chanoine Didiot eût une sœur religieuse de la Congrégation Notre-Dame à Verdun. La lettre de faire part vient de me l'apprendre ; et je tiens à vous dire toute la part que nous avons prise à cette douloureuse épreuve.

» M. le chanoine Didiot, l'un des premiers, s'est dévoué à l'œuvre de notre Université catholique ; et on peut dire qu'il a, dès le principe, mis en honneur la Faculté de Théologie. Son talent, son éloquence, son profond savoir, la dignité de sa personne, l'ensemble en un mot de ses qualités éminentes, lui donnaient une incontestable autorité sur tout le personnel des Facultés.

» Si nous avons consenti à sa retraite, c'est que nous savions par les médecins que le besoin de repos était urgent. Hélas ! ils n'avaient que trop bien compris la gravité de son état.

» Veuillez croire que l'Université conservera fidèlement le souvenir de votre vénéré frère, et que nos prières ne lui manqueront pas. Je prie Dieu de vous donner, à vous et à votre famille, les consolations de l'espérance chrétienne. »

Enfin, Mgr Pagis, ancien évêque de Verdun et ami du vénéré défunt, voulut consoler, lui aussi, la sœur éplorée de M. Didiot.

« J'estimais et j'aimais exceptionnellement, lui écrivait-il, votre excellent frère, pour sa science sans doute, pour ses remarquables travaux, pour son admirable dévouement à la grande cause de l'enseignement chrétien, mais surtout à cause de sa nature si droite, si loyale, si sincère. Dans les occasions malheureusement trop rares que j'avais de le revoir, c'était une fête pour moi de causer avec lui et nous causions longuement, très longuement, et nous étions d'accord sur tous les points ; il n'y avait pas entre nous la moindre divergence. Je regarde comme un honneur pour moi d'avoir toujours eu les mêmes idées, les mêmes vues, le même idéal que votre cher disparu. Son esprit était si large et en même temps si bon ! Il avait des encouragements pour toutes les généreuses intentions, des pitiés pour toutes les misères, des charités admirables pour tous les besoins. Sa mort est une perte immense pour la science catholique, pour l'enseignement supérieur, pour son pays dont il était la gloire, pour ses amis, à qui il fut toujours si profondément dévoué. J'ai pour lui, tous les jours, un souvenir tout particulier au saint autel, et je regarde ce souvenir comme une dette d'amitié. »

Mais M. le chanoine Didiot avait encore d'autres titres à la reconnaissance et aux regrets, il était bon et charitable ; ceux qu'il avait obligés ne pouvaient pas l'oublier. Il nous semble que Mlle Alix Didiot dut éprouver une singulière émotion lorsqu'elle eut sous les yeux les lignes suivantes que lui adressait une pieuse personne :

« Je perds en M. le chanoine, Madame, un appui inappréciable. Je l'avais approché familièrement et j'avais eu la permission de lui soumettre toutes mes difficultés. Il m'a toujours reçue avec la plus parfaite urbanité. Vous comprenez quel souvenir reconnaissant je garde de lui, et combien ce m'est doux de le dire à sa sœur.

» Quelle vie de charité doublait sa belle carrière de science! On ne saura jamais tout ce qu'il a donné, tout ce qu'il a consolé. Depuis son amour si particulier pour les prêtres qu'il recevait et qu'il soutenait, jusqu'à son apostolat des tout petits comme moi... Comme il pratiquait bien sa chère devise : *il faut faire chaque jour un peu de bien aux autres.*

» Vous voyez que j'ai bien approché cette âme si délicate et si brillante. Cependant, combien je compatis à votre deuil ! Il semble que la résignation soit impossible, mais je sais, Madame, que vous êtes en religion, là où l'on donne à Dieu ce qu'on a de meilleur.

» Combien le sentiment général de la sainteté de votre si vénéré frère doit aussi vous être une consolation ! [1] »

Le 22 janvier 1904, le Conseil d'administration de l'Université catholique fit célébrer un service solennel, pour le repos de l'âme du vénéré défunt: professeurs, étudiants, anciens élèves s'y trouvaient réunis en grand nombre. Le même jour, M. Eugène Duthoit, s'empressa d'écrire à la sœur du regretté M. Didiot pour dire combien cette cérémonie funèbre avait réveillé en lui de douloureux souvenirs :

« Madame,

» Ce matin, l'Université catholique de Lille assistait à la sainte messe, célébrée pour le repos de l'âme de votre digne et vénéré frère, M. le chanoine Didiot. Je voudrais, tout pénétré encore de l'émotion de cette cérémonie commémorative, vous dire quelle grande place le

---

1. Le 22 juillet 1904, une pauvre fille de Fives envoyait encore à Verdun une lettre désolée; nous ne pouvons résister au désir que nous éprouvons d'en citer les principaux passages :

« Ma Révérende Mère,

» ... Votre bon frère m'a beaucoup manqué cette année ; combien l'aurais-je été trouver, si j'avais eu encore le bonheur de l'avoir à Lille ; le départ des religieuses m'aurait paru moins cruel. Mais le bon Dieu m'a tout enlevé : bon père Didiot, bonnes sœurs, et maintenant je n'ai plus personne à qui je puisse me confier; je suis seule, bien seule, et c'est avec un bonheur sans bornes que je reçois des nouvelles de loin.

» Maman vous présente son respect : elle a été très heureuse de voir que l'on pensait encore aux pauvres délaissées de Fives. Elle s'ennuie beaucoup de ne pouvoir plus aller boulevard Bigo-Danel, 25. Nous devons y passer pour aller chez mon frère ; les larmes nous montent aux yeux chaque fois que nous revoyons cette maison qui nous a fait tant de bien.

» Je ne désespère pas de vous voir un jour, ma bonne mère ; en attendant, je reste votre toute reconnaissante et dévouée. »

cher disparu tenait dans ma vie. Il me semble le voir, l'entendre encore, et je ne puis m'habituer à la perte de ce sage conseiller, de ce prêtre qui maniait si bien l'art délicat de diriger les âmes.

» Sa carrière a été trop tôt brisée par un mal implacable, que ses amis ont été impuissants à écarter. Mais sa mémoire demeure vivante dans cette Université, à laquelle il a rendu de si grands services, pour laquelle il a tant travaillé et souffert. J'aurais voulu, vous le savez, le retenir à Lille, ou aux environs, non loin de l'Université, il aurait continué d'y exercer sa haute et salutaire action. Il me semble que notre amitié aurait retardé l'heure de la suprême séparation. Dieu en a disposé autrement. Que sa sainte volonté soit faite, et que le cher défunt daigne protéger de là-haut ceux qui l'ont aimé ici-bas et qui lui resteront à tout jamais fidèles. »

Mais il est temps de dire, à celui que nous pleurons, un dernier et suprême adieu :

« O maître vénéré, nous ne vous reverrons plus des yeux de la chair ! nous ne presserons plus votre noble et généreuse main ; nous n'entendrons plus le son de votre voix !

» Mais vous vivez dans le ciel !

» Vous vivez aussi dans notre cœur !

» Souvenez-vous de nous et de notre faiblesse.

» Aidez à nos efforts, soutenez notre courage, illuminez notre âme !

» Vous auriez continué à glorifier Dieu en ce monde. Vous l'aimez et le possédez dans l'autre. Votre journée s'est trouvée abrégée par la volonté de Dieu, mais agrandie par la souffrance et l'amour.

» Priez pour nous, ne nous délaissez pas. Adieu ! »

FIN.

APPENDICE

OPUSCULES — PAGES CHOISIES — LETTRES DE DIRECTION

I

UNE PAGE DE L'ART CHRÉTIEN

I

Souvent quand les derniers rayons du jour, reflétés par les murailles romanes de la cathédrale, s'éteignent doucement sous les voûtes du cloître capitulaire,

Je viens errer lentement au pied de l'édifice sacré, et rêver dans les tranquilles allées qui l'environnent.

A travers les arcades du vieux cloître et leurs meneaux flamboyants, je vois les ifs sombres du préau fléchir sous la brise du soir,

Et leur balancement harmonieux m'envoie l'arôme de leurs branches avec le parfum des fleurs qui se cachent dans les hautes herbes.

Au-dessus de moi, les nefs et les tours de la basilique se dessinent sur le ciel traversé par les sons de l'*Angelus*, comme par un écho des harpes angéliques ;

Les tombes qui se dressent à mes côtés ou qui s'étendent sous le sol, me parlent aussi d'espérance et d'éternité.

Et tandis que je mesure de mes pas les travées du cloître solitaire, je passe et je repasse devant une antique sculpture que je veux décrire en votre honneur, ô saint Joseph !

Elle est oubliée dans un angle obscur, sur un mur d'enceinte ; qu'elle est naïve dans ses formes maladroites ! pieuse dans sa laideur matérielle ! lumineuse et savante en son humilité !

II

Elle est vieille de quatre ou peut-être de cinq siècles, mais le charme de son symbolisme est toujours vif; la pensée qui l'inspira est encore pleine de fraîcheur.

Voici d'abord un autel recouvert, ainsi que la table eucharistique, d'une longue nappe qui retombe à grands plis.

Et debout sur l'autel, le petit enfant Jésus, vêtu de sa robe sans couture : il nous contemple avec un doux sourire et il presse une rose sur son cœur.

Marie est à la droite et en dehors de l'autel : une joie céleste éclaire son visage ; ses mains virginales assurent les premiers pas et soutiennent la faiblesse du divin enfant.

A gauche, Joseph, revêtu d'une robe pareille à l'aube des prêtres, aide la sainte Vierge dans les soins qu'elle donne à Jésus ;

Mais sur son front noblement encadré de longs cheveux bouclés, les sollicitudes et les peines de la vie ont marqué leurs traces avec les rides de l'âge.

Son visage est doux et sévère, tendre et mélancolique à la fois : ses joies sont mêlées de tant de tristesse ! il est dépositaire d'un si grand trésor !

Lui aussi, il étend ses mains protectrices vers l'enfant Jésus, mais ses mains enveloppées d'un voile semblable à celui des prêtres, quand ils bénissent le peuple avec la sainte Hostie.

Car la chair de Notre-Seigneur est une chair vraiment divine ; les mains de saint Joseph lui-même ne sont point dignes de la toucher ; c'est le privilège de Marie seule, de Marie mère du Verbe-incarné.

Admirable expression des rapports de saint Joseph avec Notre-Seigneur et la sainte Vierge ! la théologie n'est ni plus exacte, ni plus claire que cette image !

Image rare sans doute : je ne l'ai rencontrée que dans mon vieux cloître ; mais pourquoi les artistes chrétiens ne s'inspireraient-ils pas de cette pensée profonde ?

Pieux et simple *imagier* de qui le ciseau malhabile ébaucha ma chère sculpture, ne reviendras-tu pas tout à l'heure, et formé aux procédés de l'art moderne, ne vas-tu pas recommencer ton chef-d'œuvre ?

III

Pour moi, je vais continuer ma promenade et mes rêveries, en redisant, sous les arceaux gothiques, ma prière de chaque soir :

Je vous adore, ô Jésus enfant ! daignez mettre en mon cœur les vertus de votre existence eucharistique, la douce charité de votre autel, le silence et l'humilité de votre tabernacle !

Je vous bénis, ô Marie ! vous qui nous avez donné Jésus, faites grandir et soutenez de vos mains très miséricordieuses le chrétien qui se forme si lentement en nous !

Je vous bénis, ô saint Joseph ! fidèle et soucieux gardien de la sainte Famille, veillez aussi sur mon cœur et prenez soin de ma vie, puis de ma mort !

Obtenez de moi de traiter avec une pureté et un respect infinis les mystères sacrés de mon Dieu, et d'imiter ainsi votre religion et votre piété envers Jésus enfant !

O saint Joseph, priez pour moi ! afin que mon âme soit ornée de vos délicates vertus et qu'elle devienne semblable à la rose des champs, et vous la cueillerez et vous la donnerez à Jésus et il la pressera sur son cœur. *Amen.*

II

ROME. — HARMONIES CHRÉTIENNES

(Pages choisies)

S. R. E. promovere !

---

9 février 1862.

Le temps était froid, le vent du Nord soufflait sur la ville sainte; nous avions vu le matin d'épais flocons de neige se répandre tristement sur cette terre, hier encore joyeuse et fécondée par le printemps.

Nous nous sommes retirés au Colisée ; le vent ne soufflait pas ; l'air y était tiède et doux ; au delà de ses murs, l'hiver et la tristesse ; ici le calme du printemps.

Nous avons erré silencieusement à l'abri de ses arceaux ; nous avons rêvé des martyrs et des vierges ; quelles affections n'ont point fait battre notre poitrine.

La sainte Église, bâtie de ces pierres vivantes qui sont les justes et cimentée du sang des martyrs, grande et majestueuse comme le Colisée, mais sans ruines, ni brèches,

L'Église de Rome nous a ouvert son sein ; heureux qui s'y repose dans cet air surnaturel et tiède, à l'abri des glaces et du vent terrible de l'erreur. Ici le son de notre voix n'est pas emporté par le coup de vent des morts ! . .

O Colisée, ô sainte Église romaine !

Enterrement d'enfant.

Sur la rampe qui conduit au Capitole, nous avons rencontré un délicieux cortège : la croix et la blanche bannière que portaient les *Orfanelli* vêtus de leur robe de lin.

De graves et austères franciscains encapuchonnés suivaient lentement et disaient :

Laudate pueri Dominum,
Laudate eum omnes populi.

Puis, sur un brancard richement doré, reposait doucement un petit enfant de quatre à cinq ans. Il était revêtu de la soutane, de la *cotta*, délicatement plissée et retenue sur la poitrine par un ruban rouge. En ses mains un lis, sur son front la barrette ecclésiastique.

Il était couché sur un lit de fleurs, de roses, de lis, d'immortelles ; sa figure était si douce, si fraîche, ses lèvres encore si vermeilles, qu'il nous parut endormi et non point mort.

Les blancs *orfanelli* le portaient sur leurs épaules. Les cierges bénits l'entouraient ; les prières de l'Église se faisaient entendre plus pour le glorifier que pour intercéder en sa faveur.

Quel triomphateur montant au Capitole !...
Ange du ciel, prie pour moi !

Le saint viatique.

La nuit était obscure, pluvieuse et triste : j'ai entendu les coups graves et lents de la sonnette sacrée. Notre-Seigneur s'avançait de l'église Saint-Eustache vers un pauvre malade. Le prêtre le portait en ses mains ; le pavillon blanc s'étendait au-dessus de lui ; les torches brillantes brûlaient autour de son corps béni ! Il allait, ce Roi des Rois, ce Dieu tout-puissant, visiter un moribond oublié et perdu en cette grande ville. Gloire à Notre-Seigneur-Jésus-Christ.

Quand nous entendîmes le bruit de ses pas, les fenêtres des maisons s'ouvrirent à tous les étages, une main pieuse apportait au divin cortège, la lumière de la lampe du foyer. La rue fut ainsi illuminée à la venue et au retour de Notre-Seigneur, et c'était chose touchante à voir que cette splendeur improvisée : oh ! ces feux qui brillaient ainsi dans la nuit noire et triste, témoignent bien qu'au milieu des ténèbres du monde, il est à Rome beaucoup d'âmes lumineuses par la foi et l'amour « qui luisent avec joie au Seigneur, dit l'Écriture, et disent : nous voici ! » *Luxerunt ei cum gaudio et dixerunt ei : adsumus !* — Louanges à Rome.

Tusculum.

Comme les petits oiseaux du ciel, nous sommes revenus à ce nid fleuri et parfumé de poésie. J'ai retrouvé la douceur, la suavité des vacances dernières ; et j'ai dormi d'un sommeil plus intime et plus profond parce qu'il entrait jusque dans l'âme.

Le souvenir aimable de votre ravissante et infinie perfection, ô mon Dieu, me pénètre ici plus qu'à Rome : pourquoi ? pour la puissance enchanteresse de la nature ? pour le repos de mon cœur délivré du bruit ? Pour quelle cause enfin ?

Pour votre grâce multiple en ses formes, en ses modes, en ses opérations !

Pour le sang de votre Fils, de mon Maître et Seigneur Jésus-Christ. —

Nous avons fait une course à cheval dans les grandes et hautes forêts : l'humeur chevaleresque ne faisait point défaut.

O chevaliers de Dieu et de la Sainte Église ! que je voudrais chevaucher avec vous dans les nobles et grandes régions de la foi et de la science !

Depuis trois mois, nos paysans demandaient la rosée du ciel : un orage éclate en cet instant, et la leur apporte avec les éclairs et les tonnerres : ô mon âme, ne sais-tu pas cette histoire-là ?...

Une visite au Saint-Sacrement.

Le corps chaste et transparent de l'Agneau reposait au milieu de l'or pur, de la lumière et des diamants.

Moi, à genoux sur le pavé de marbre, le regard charmé et enchaîné à cette divine révélation, les mains jointes, l'âme et le cœur en haut, je rêvais à la Sainte Église qui environne le Christ de son or, de ses pierres précieuses et de sa splendeur, je demandais à Notre-Seigneur de me joindre aux âmes bénies qui lui servent aussi de parure.

Que je voudrais, comme la cire brûlante et transparente, me consumer pour toi, ô Dieu de la Sainte Eucharistie !... de mon amour te former comme un manteau de pourpre, et de ma foi, de ma raison, te dresser un diadème lumineux. Consécration de mon être tout entier à Notre-Seigneur.

Maurice et Eugénie de Guérin.

Maurice et Eugénie de Guérin : Mon Dieu, vous nous avez faits pour vous et notre cœur est toujours inquiet jusqu'à ce qu'il repose en vous !

Ils ont écrit d'admirables pages, ressenti de sublimes émotions, trouvé sur leurs lyres d'admirables accords : mais Dieu leur manquait, encore qu'ils voulussent être à lui. Leur âme était un peu close vers le ciel, trop ouverte au monde, non point comme l'encensoir sacré. — Ces fleurs ne s'épanouissaient pas si largement qu'il eût fallu, au souffle de l'Esprit céleste ; aussi, si l'extérieur de leur calice est coloré, lumineux, parfumé, le centre en est obscur, sans éclat ni suavité, triste et languissant.

Mon Dieu, ouvrez, élargissez, agrandissez mon âme, qui s'effraie de la grandeur et de l'élévation : n'y laissez point les froideurs et les étroitesses de l'amour de moi-même ; et vous ouvrirez, Seigneur, mes lèvres, et ma bouche annoncera votre louange.

Coucher de soleil.

Au milieu des fleurs, sur l'herbe touffue et odoriférante, au pied d'un if séculaire qui nous ombrage ; autour de nous la Propagande prend ses ébats. Les oiseaux chantent gaîment ; les cygnes se promènent orgueilleusement dans l'eau limpide ; un chœur de jeunes Romains jette à la brise de douces et harmonieuses mélodies. Les berceaux de clématites ne sont plus qu'un merveilleux bouquet de grappes de fleurs violettes. Les abeilles y bourdonnent et s'y plongent avec volupté. L'air est pur, le soleil splendide ; la solitude délicieuse ; nos cœurs se dilatent ; nos âmes s'agrandissent et s'élèvent. Nous rêvons de l'avenir : « *l'avenir est à la sainte Église.* »

J'avais jusqu'aujourd'hui traité de mensongères les descriptions solennelles que les poètes nous ont laissées d'un coucher de soleil. Aujourd'hui, j'ai vu ces *flots d'or*, oui, un or en fusion, embrasé, ruisselant de l'occident jusqu'au midi et au nord ; et par delà la majesté de Dieu !...

La Propagande. — L'Académie polyglotte.

O vénérable collège d'enfants et de martyrs, d'anges et d'apôtres ! que votre dévouement à la sainte Église est brûlant, et qu'il confond la faiblesse du mien : ô foi catholique, comme tu sais transformer les âmes ! Ces enfants, ces adolescents, ne vivent plus de ce monde et de cet air que je respire, mais de Dieu et de sa grâce : ce sont les merveilles du Colisée et des Catacombes ici renouvelées !... Que cette diversité de langues réunies dans l'unité de la foi et de l'amour pour le pape, fait comprendre ce nom d'Église catholique !... O mes frères de la Propagande, j'aurais voulu vous parler à tous, unir mes lèvres à ces lèvres qui prêcheront l'Évangile aux quatre coins du monde, échanger mes pauvres paroles contre vos paroles de sainteté..., reposer mon cœur sur le vôtre, et lui inspirer ainsi cette vie, cette respiration, ces élans, ces battements que je cherche depuis si longtemps.

Mes frères, soyez bénis !...

Les quatre saints couronnés.

Les quatre saints couronnés ! Dans cette charmante et riche église, habitée par les vierges du Seigneur, parmi les splendeurs de la fête, l'éclat des lumières, les parfums de l'encens, les harmonies merveilleuses de la musique sacrée, en face de cet autel qui recouvre les tombeaux de marbre des saints martyrs, devant cette abside où de charmants « orfanelli », vêtus de blanc, entouraient le pontife, nous étions réunis de toutes les parties de la terre, Germaniques, Irlandais, Américains, Français, Italiens... et tous, nous disions notre « Credo ! » et à ces quatre couronnés nous disions : nous sommes les tiges de votre racine, les fleurs de votre arbre, les fruits de vos rameaux ; nous sommes nés de votre sang : nous sommes votre couronne ! Nous voici envoyés du monde étranger et lointain, et à vos pieds nous déposons ses prières, ses actions de grâces et ses vœux...

Ils reposent là dans l'ombre et le silence du vieux monastère, derrière le Colisée : ah ! les tourterelles ont trouvé leur nid, et ce lit, comme celui des cantiques, est tout fleuri : le pinceau des peintres l'a environné de fresques ; et sur leur corps, la main des vierges a répandu des fleurs.

O vraie fraternité ! Mon Dieu, donnez-moi de vivre ainsi appuyé sur des amis que la cause de votre Église et de votre sainte foi relie et réunisse ensemble, et qu'un jour, ma tombe soit ainsi mêlée à leurs tombes !

Visite à Saint-Paul-hors-les-Murs.

Près de la Confession du grand Paul, les Bénédictins chantaient l'office sur un livre de chœur écrit et enluminé il y a quatre siècles.

De jeunes enfants, revêtus du froc monastique, répétaient vos louanges, ô Dieu des cœurs purs ; deux d'entre eux portaient déjà la couronne bénédictine. Mon Dieu ! que ne suis-je avec eux ? Que ne puis-je grandir en votre cloître béni, comme la fleur dans les grandes herbes ?... Que j'enviais leur modestie, leur simplicité, leur robe de laine et leurs chants ! Seigneur ! que ne suis-je Bénédictin ?

Du moins le ciel aura les charmes du cloître, les hymnes du chœur et la gloire qui environne les générations chastes et brillantes.

Une procession.

De mon balcon, j'ai assisté à la procession du Très-Saint-Sacrement de l'église de Santa Maria in Via. Les confrères du Saint-Sacrement, les servites et les capucins entouraient le corps de l'Agneau ; mais j'ai surtout remarqué un détail touchant : avant le clergé, deux petites filles vêtues de blanc et d'azur marchaient se tenant par la main et portant l'une une lumière, l'autre un lis : la chasteté lumineuse, la foi chaste et brillante qui sont les vertus que donne l'Agneau, les vertus qu'il aime et qu'il veut en son peuple. — Puis venaient trois enfants revêtus de la soutane et de la *cotta* : ils avaient bien quinze ans à eux trois ! ils portaient aussi des flambeaux, symboles de la foi, de l'espérance et de l'amour dont nous vous environnons « *o Gesu sagramentato !* »

Une visite à Saint-Pierre-aux-Liens.

Moi, j'ai été lié des chaînes de saint Pierre ! J'ai porté ses fers, ses liens ont étreint mon cou. J'ai baisé cette admirable chaîne qui, comme la chaîne du vieil Homère, a rattaché la terre aux cieux.

Elle est rivée au centre d'un reliquaire précieux, exposé sur un autel et entr'ouvert ; un prêtre en déroulait et développait les nombreux et longs anneaux, et la présentait aux fidèles agenouillés. Donc il la passa autour de mon cou, et ainsi,

J'étais enchaîné à l'autel, captif de Dieu pour l'amour de Pierre et de la Sainte Église !...

La grâce.

Petite lampe, qui éclaires et réjouis mon foyer, que j'eus de peine à t'allumer tout à l'heure !

La flamme bleue s'attachait à toi comme de l'extrémité de ses ailes et tu ne l'attirais pas.

Elle avait grand mal à se maintenir sur toi, elle vacillait. Je ne sais comment elle ne mourut point.

J'aidais cependant à son œuvre, je te protégeais de ma main contre les souffles de l'air, je ne respirais plus.

Ingrate petite lampe, tu te souciais peu de mes efforts ! Je l'ai vu, ton huile s'était épaissie, elle était trop abondante, la flamme pure et céleste n'y avait pas de prise.

Aussi, je t'ai abaissée vers la terre et j'ai répandu ce flot dont l'abondance te retenait dans le froid et l'obscurité...

Ah ! mon âme, chère petite lampe que Dieu me donna pour traverser ce monde si noir !

Quand la grâce vient du ciel, flamme douce et brillante, t'effleurer et te solliciter à luire pour Dieu,

D'où vient que tu restes éteinte, encore que la main des anges s'emploie à t'enflammer ?

Chère âme, rejette sur la terre, d'où tu l'as prise, cette huile épaisse qui ne brûla jamais pour Dieu.

Les fils des martyrs.

Je dirigeais ma promenade vers la villa Borghèse.

Nous avons rencontré une *camerata* de petits « orfanelli » dans leur costume de laine blanche.

Ils se sont arrêtés pour contempler de superbes lions enchaînés, captifs dans une cage de fer.

Et ils voyaient, sans frayeur, gaîment, avec de joyeux rires d'enfants !

Cette race de lions du désert a dévoré vos pères au Colisée, chers petits enfants des martyrs !...

Je me suis souvenu de la prophétie d'Isaïe : « *Leo et ovis simul morabuntur, et puer parvulus minabit eos !* » (c. xi).

Moines mendiants.

Albert et moi nous descendions la rampe du Quirinal, mécontents, inquiets, tristes de je ne sais quelle démarche ennuyeuse et inutile.

Le soleil brillant du matin, l'air embaumé des parfums du printemps n'éclairaient ni n'adoucissaient point notre noire et mauvaise humeur.

Or, ils étaient trois, de figures nobles et distinguées, jeunes comme nous, couverts de l'habit de saint Ignace : ils vinrent à notre rencontre. Sur l'épaule, ils portaient une blanche besace ; saint Louis de Gonzague et saint Stanislas de Kotska l'ont portée.

Ils s'arrêtèrent devant nous, avec une angélique douceur et une ineffable modestie, et l'aîné : « une petite aumône pour l'amour de Dieu ! » Ciel, que cette parole nous toucha, et qu'elle pénétra profondément en notre âme.

Lui, rougissait un peu, et son regard me parut céleste Il entr'ouvrit de ses mains le sac grossier des pauvres, et nous y déposâmes l'offrande matérielle ; mais ensemble nous environnions ces pauvres volontaires du Seigneur Jésus de notre respect et de notre amour.

« Priez pour nous ! » lui dit Albert. Et lui nous la promit, cette prière que nous estimons par dessus tous les trésors du monde. Oui, priez pour moi, que je sois humble, doux, simple et pauvre d'esprit. Priez pour moi, et que votre vie angélique naisse en moi et y grandisse jusqu'au jour parfait du Seigneur.

Que Notre-Seigneur dût être aimable quand il dit à cette femme de Samarie : « Donnez-moi de l'eau à boire. » Si ses serviteurs qui portent son nom, sont ainsi charmants et doux ; si le son de leur voix a ému tout notre cœur, si leur visage nous a apparu comme une révélation des cieux, quelle n'est point la beauté enchanteresse des paroles de Notre-Seigneur, et l'attrait divin de son regard !

Et il me parle souvent ; et son regard repose toujours sur moi ; et j'y suis insensible ! ô misères de notre faiblesse...

Mais ils s'éloignèrent d'un pas calme et modeste : ignorant qu'ils avaient été sublimes.

Pour nous, nous étions tout changés ; joyeux, contents ; notre âme s'épanouissait comme le calice des fleurs aux rayons de la lumière, et au souffle tiède des vents.

Sainte Catherine de Sienne.

La sainte Église me fait ainsi prier : *De grâce, Dieu tout puissant, donnez-nous, à nous qui fêtons la nativité de la bienheureuse Catherine, votre Vierge, et nous réjouissons de cet anniversaire solennel, donnez-nous de progresser ainsi, par l'exemple d'une si grande vertu.*

Et tandis que je répète ces paroles, de ma fenêtre entr'ouverte et éclairée de la lumière du matin, je vois à mes pieds la demeure où Catherine de Sienne a tant aimé son Dieu et l'Église de Jésus-Christ.

Le seuil de la maison est semé de buis vert et frais, les dominicains y viennent avec joie saluer leur sœur et leur mère.

La brise monte à moi, chargée du parfum des fleurs et des souvenirs, elle a caressé le front de Catherine mourante.

O brise, entre dans ma poitrine et que ton souffle y fasse germer la sainteté....

Le Moïse de Michel-Ange.

Le Moïse de Michel-Ange : il est merveilleusement beau ; oui ! c'est vraiment un chef-d'œuvre ; parle maintenant !.... force et colère hautaine et concentrée, hardiesse étonnante dans le mouvement et la disposition des draperies... Mais tout cela ne rend pas l'idée biblique de Moïse « *mitissimus hominum* » et familier du Seigneur.

Les zouaves pontificaux.

Oh ! les zouaves pontificaux !!! Je ne me console du regret de n'avoir point porté leur uniforme et vécu de leur vie, qu'en espérant combattre avec le même courage, quoique d'autre manière, pour la sainte Église romaine et le Pontife Roi....

Les jardins de Salluste.

Quelle joie de grimper à travers ces ruines ; là Salluste a écrit la guerre de Jugurtha et la conspiration de Catilina....

Un vieux franciscain regagnait péniblement son église de la Conception : deux jeunes enfants, fraîches comme des roses, les cheveux flottant au vent, sont venues à lui comme deux colombes et lui ont demandé la sainte bénédiction : ciel ! quelle bénédiction et quel regard ! puis elles se sont envolées et ont repris leurs jeux. O Salluste ! as-tu compris ?..

Le palais des Césars.

Souvenirs de Jules César, d'Auguste, de Néron, de Sénèque. Majesté de ces ruines ; grandeur, somptuosité ; vue magnifique. Aujourd'hui ces ruines sont ombragées d'arbustes sauvages qui forment comme de charmants bosquets ; les rayons du soleil couchant s'y jouaient, s'y perdaient d'une manière délicieuse. Dans ces sentiers ombreux et pleins de mystère, il nous semblait suivre l'ombre des Césars. Parmi ces ruines, nous avons rencontré un crucifix. Ciel ! la croix sur le palais des Césars en ruine ; et sa majesté couvrant la majesté de leurs temples et de leurs palais !

L'Ange de Rome.

L'Ange de Rome ! celui qui délivra Pierre des mains d'Hérode ; celui du môle d'Adrien... Nous le connaissons bien, et au fond de nos âmes nous distinguons bien sa présence ! il nous console de l'absence de la patrie, des tristesses amères de la solitude ; et la grâce qu'il nous donne, c'est toujours une lumière et une affection pour Rome. Donc il est l'Ange de Rome ! L'autre jour, au parvis où repose le bienheureux Labre, un enfant nous salua d'un sourire délicieux et d'un excellent français ; nous n'ignorions pas cette figure et ce timbre de voix : ô Ange de Rome.

Sainte-Marie du Transtévère.

Au tombeau de saint Jules pape et martyr : le corps de mon père est là ! ô Père, que je sois digne de vous ; que vous n'ayez pas à rougir de moi ! Je porte votre nom : noblesse oblige !

A genoux devant l'autel majeur où repose saint Jules, j'ai promis à mon céleste Patron d'être toujours l'enfant fidèle et dévoué, le serviteur aimant de la sainte Église romaine et du Souverain Pontife. — Consécration de l'intelligence et du cœur.

Oh ! quelle joie je ressentais dans cette grande et calme basilique, où l'on célébrait les louanges de saint Jules, tandis que de petits enfants et quelques chrétiens venaient invoquer avec moi le nom de san Giulio !...

L'avenir.

Mes amis du Collège germanique... Seigneur, donnez-moi de vivre parmi de telles âmes, hautes, élevées, désintéressées et qui vous aiment.

Nous avons tenu comme un congrès où l'on a résolu qu'on s'aimerait, qu'on se soutiendrait, qu'on travaillerait d'ensemble pour la sainte Église. Heure bien douce que celle-là et peut-être bien importante pour l'avenir.

L'avenir ! il se déclare ; ses obscurités se dissipent ; le voile se soulève parfois et ce que je soupçonne au delà me fait trembler ! Mais la grâce de Dieu est puissante, l'affection de mes amis vive et sincère, et la récompense céleste merveilleuse !...

Lumière.

J'ai pensé bien souvent déjà que la lumière physique est consacrée et élevée à l'ordre surnaturel, par cela qu'elle revêt et éclaire les espèces eucharistiques du pain et du vin. J'ai remarqué aussi, qu'en passant par nos vitraux imagés, elle se fait l'apôtre de la foi surnaturelle; la lumière annonce ainsi le Verbe très splendide et très lumineux. Gloire à Dieu !

Il est ainsi de tous les éléments... Ah ! que Jésus-Christ a relevé l'ordre matériel, et combien plus il a fait pour les sens et les choses sensibles, que ces rêveurs qui en veulent tirer le principe et y voir la fin de toutes choses...

Au pont Saint-Ange.

Nous arrivâmes au pont Saint-Ange ; notre cœur battit d'amour et d'admiration ; notre esprit s'élevait au-dessus de ce monde et grandissait sous l'inspiration de la sainte Église catholique.

Sur l'azur du Ciel, d'où le regard des anges semblait nous contempler avec les étoiles du Seigneur, se détachait le superbe édifice, et la sublime coupole de Saint-Pierre, non point le Saint-Pierre, bâti de blocs de marbre, de granit et de ciment, mais l'Église de Dieu, lumineuse, couronnée de splendeurs, élançant jusqu'au Ciel ses lignes hardies, les merveilleux arceaux de sa coupole, et la croix ! la croix qui triomphe et qui ressuscite, la croix pleine de vie et de salut. O ennemis de l'Église ! vous qui l'aviez crue morte depuis trois jours ; quel démenti ! la voici toute brillante des clartés de Jésus de Galilée, et qui d'entre vous pourra les lui ravir ? Et cette basilique de feux et de lumière était là sous nos yeux, calme, majestueuse, et comme sûre de la solidité de sa base qui est Pierre et se nomme aujourd'hui Pie IX.

Nous emportâmes dans notre poitrine et notre âme un reflet de cette lumière et une étincelle ardente de ce feu ; Albert me pressa la main et me dit : « Nous sommes les enfants de cette Église. » Mon Dieu, vous savez quelle fut la réponse de mon regard et de mon cœur.

---

18 janvier 1863

Fête du saint nom de Jésus : tandis que je remplissais à l'autel l'office sacré de sous-diacre, les sous-diacres des catacombes et des basiliques de Constantin passèrent devant mes yeux, chastes, nobles, brillants, empourprés du sang du martyre ; ils portaient en leurs mains les vases consacrés de l'Église et disaient :

— Nos mains, ô César ne vous livreront point l'or et l'argent du Seigneur,

Le ciboire où son corps repose, le calice où coule son sang divin.

— Nous les garderons sur notre cœur, nous exhalerons notre dernier soupir en leurs coupes sanctifiées par le pain et le vin de l'éternelle vie.

— Nous répandrons notre sang et nous le mêlerons au sang de l'Agneau, notre chair sera immolée avec sa chair.

— Nous serons ensevelis dans les voiles blancs de sa gloire, comme nous l'environnons de la soie éclatante et du lin pur et sacré.

— Mais, ô tyran, nos mains ne te livreront jamais

Les voiles saints, les livres de la révélation et de la parole du Seigneur Jésus-Christ.

J'ai mêlé à leurs voix ma voix, à leurs hymnes mes hymnes, ô Seigneur époux de l'Église: que ma vie aussi ressemble à leur vie, et que mon sang se mêle à leur sang,

Pour planter l'Église de Dieu, et glorifier votre nom. *Amen! Alleluia.*

---

16 mars 1863.

Les cloches de la Minerve sonnent à toute volée.

Leur son me rappelle toute ma vie, et ma douce Lorraine. Leur son s'est mêlé à tous les instants solennels de mes joies, de mes tristesses, de mes sacrifices, de mon ennoblissement et de mon couronnement dans la sainte Église de Dieu. Leur son m'émeut à cause du passé,... à cause de l'avenir aussi.

Elles sonneront encore pour moi !

Que dira leur voix, et qu'annonceront-elles de moi ? Soit que je vive, soit que je meure, je suis du Seigneur!

Allons, fuyez rêveries ! Songes, dissipez-vous ! Cœur ne te laisse point émouvoir ; Dieu ne veut point aujourd'hui de sentiment et de poésie, mais il demande la force de l'âme, et l'adoration par le travail.

Mardi 2 juin 1863.

Je veux en conserver le parfum et garder l'écho de la voix qui m'a parlé.

Devant moi, appuyées à une fenêtre, une jeune femme en deuil et sa fille âgée d'environ neuf ans. Les regards de l'enfant, ses cheveux qui encadraient un front angélique, m'ont vivement intéressé: elle émiettait un petit pain blanc, et l'offrait à un jeune oiseau qu'elle tenait en sa blanche main.

L'oiseau mangeait avidement et gaîment ; l'enfant souriait, mais un sourire dans un regard triste et rêveur, sur des lèvres que l'amertume de la douleur a desséchées.

Sa mère l'a longtemps considérée en silence, et j'ai pensé deviner les sentiments de son âme. Elle me semblait dire :

« Ta petite main donne à l'oiseau sa nourriture, et l'oiseau insouciant la reçoit en voltigeant et en chantant.

Celui qui de sa sueur nous achetait le pain de chaque jour, pauvre enfant, n'est plus là, et toi, tu folâtres, tu souris aux gentils oiseaux, tu ne songes pas au lendemain !

Mais vous, qui donnez au petit oiseau sa pâture, et son vêtement au lis des champs, souvenez-vous des petits enfants et de « l'orfanella » qui s'appuie sur mon cœur et mon bras,

Comme le petit oiseau du ciel, en son nid fleuri, à l'ombrage des grands arbres. »

Une larme menaçait d'obscurcir mon regard ; j'ai rejeté mille souvenirs et repris mon travail.

Prière

Mardi 4 août 1863.

« de Tusculum. »

A mon père au ciel !

Neuf ans déjà nous séparent !

Seize ans me séparent d'Odilia !

Trois ans me séparent de ma mère !

Et vous êtes réunis dans le sein de Dieu, où tu m'attends, ô mon père !

Quand vous rejoindrai-je, et quand mon âme se confondra-t-elle avec les vôtres, en ces embrassements de Dieu et de l'homme qui sont les délices du Paradis ?

O union ! baiser céleste ! viens bientôt...

Père, l'obscurité couvre mon chemin, je n'en vois point le but, je n'en puis deviner la direction ; où va-t-il ? au septentrion ou au midi ?

Ah ! qu'il me vaudrait mieux reposer près de toi dans le ciel et la vraie patrie.

Que fais-je, ici ?

Père, dis à Dieu ces cris de mon âme, et de tes mains recueillant mes soupirs, offre-les à Celui qui m'a aimé, petit orphelin — et soutenu mes pas.

Ou plutôt, si je dois vivre et combattre, porter le poids du grand jour et connaître encore la poussière de la route, que ton regard, ô père, rayonne sur moi et échauffe mon cœur qui se glace dans ma poitrine, ignorant encore le dévouement et les enivrements du sacrifice.

Toi qui vis en Dieu, fais que je l'aime !

Toi qui possèdes Dieu, fais que je le serve !

A l'église des Camaldules.

Quand les ombres du soir tombant des cimes de Tusculum et des monts de la Sabine, jetaient sur la plaine de Rome un voile violet parsemé des dernières lueurs du soleil, comme d'étincelles d'or,

Nous ouvrîmes la lourde porte des Camaldules, et nous nous agenouillâmes sur les dalles de leur église. La cloche avait annoncé lentement l'heure des complies.

Les moines de Romuald psalmodièrent avec une gravité qui touche, je crois, à l'immobilité bienheureuse du ciel.

Ils dirent : « *In pace in idipsum dormiam et requiescam !* » et cette parole expliquée par leur présence, leur voix, leur regard, par la paix de la forêt et le calme du crépuscule comme par un commentaire vivant a pénétré jusqu'aux plus profonds replis de mon âme, y jetant cette surprise, cet effroi surnaturel qui accompagnent une révélation.

Oh ! comme il est vrai que nous dormirons et reposerons dans la paix, en vous et pour vous, et vers vous, ô Dieu ! Si le repos des hommes qui ont échangé la vie du siècle pour votre héritage, est parfait et désirable à ce point,

Quel ne sera pas après le mouvement de la terre, la joie du silence infini, la volupté de l'immuable tranquillité — aux cieux !

J'ai emporté ce souvenir, avec une pensée cueillie au jardin du Père prieur.

A la basilique vaticane.

Devant la confession des saints apôtres, j'ai songé que je ne viendrai plus guère m'y agenouiller et m'y reposer ; je ne sais comment je pourrai vivre sans mes basiliques et mon ciel de Rome...

La statue de Pie VI demeure là, devant le corps de Pierre et de Paul, dans une immobile et perpétuelle prière :

Heureuse statue !

Mais parmi les petites lampes de la guirlande lumineuse imaginée par le Bernin, l'une s'était éteinte et ne brillait plus pour saint Pierre :

Ah ! que l'huile de votre amour, ô Pierre, ne s'épuise jamais en mon âme ; quand même il me faudrait vivre loin de vous, je ne cesserais pas de luire avec joie pour vous, vous disant : « me voici ! »

III

PENSÉES INTIMES

Il faut que nous acceptions très largement et très décidément la Croix ! Nous n'avancerons jamais que par là... Daigne Notre-Seigneur m'écraser une bonne fois malgré mes cris et mes pleurs.

⁂

Dans mes trois grandes ordinations, Notre-Seigneur me fit la grâce d'être bien calme, bien doucement et fortement résolu à le servir comme Il voudrait. Oh ! ce furent de bons jours, mais ils n'ont pas eu de lendemains qui leur ressemblassent.

⁂

J'ai eu quelque profit, ces jours derniers, à présenter successivement (et en m'arrêtant un peu à chaque acte) mes pieds et mes mains et ma tête et mon misérable cœur aux clous, aux épines et à la lance qui ont percé Notre-Seigneur. Mon Dieu ! que nous soyons en réalité ainsi transpercés, et que l'amour de Notre-Seigneur pénètre ainsi en nous.

⁂

Avant-hier à la sainte Messe, j'eus l'idée de me débarrasser de mon cœur et de l'offrir à Dieu, au moment de l'Elevation, et de demander en échange celui de Notre-Seigneur. Hier, je l'ai fait *expressément*, et aujourd'hui plus expressément encore. Et, ce matin, après la messe, je considérais mon pauvre et misérable cœur tombé à terre, gisant là dans la poussière, y palpitant encore péniblement, et j'avais un incroyable plaisir à marcher dessus, à le piétiner, et à en exprimer tout ce qui n'est pas le pur désir d'aimer purement Dieu ! Mais en même temps, ce qui en sortait m'inspirait une horreur que je n'avais pas ressentie depuis longtemps.

⁂

Il y a trois ou quatre jours au moment de la Consécration, je me suis trouvé tout à coup et sans m'en être occupé, tout décidé à n'être plus aimé ici-bas. Ce sentiment demeure assez tranquillement et assez profondément en moi. J'en remercie le *Maître !* Il y a aussi pour moi, pendant ces jours si difficiles un *petit* moyen de me reposer un instant; c'est que mardi matin, en plaçant dans le Tabernacle, la sainte Hostie destinée à la bénédiction et à l'exposition, j'ai demandé à Notre-Seigneur la permission d'y attacher et d'y *coller* pour ainsi dire mon âme; quelquefois je me rappelle cela, et je vais rendre visite en esprit à cette pauvre âme qui serait bienheureuse, si *vraiment* elle était là !

⁂

Vous saurez où trouver mon âme : dans un tout petit coin du tabernacle, à l'ombre du corporal, sous les pieds de Notre-Seigneur; je crois qu'elle est définitivement là, comme un tout petit moucheron imperceptible, mais qui veut *bien* souffrir et mourir pour aimer ! Je serais vraiment embarrassé de faire *aimer* un cœur qui n'aurait pas beaucoup souffert.

⁂

... Plus d'une fois cette semaine, je considérais ce pauvre petit moucheron *caché dans un coin* du corporal où Notre-Seigneur repose. Je voyais ses yeux, imperceptibles et infiniment obscurs, dilatés pourtant à la lumière sacrée du tabernacle, étonnés et réjouis de ces rayons eucharistiques, de ce mystère d'amour, de cette grandeur et de cette humilité! Je le voyais tout enivré des parfums de divinité et de virginité qui s'exhalent du ciboire bien-aimé. Je croyais qu'il n'avait plus de vie que pour Notre-Seigneur, et que son atome d'être se trouvait absorbé dans la vie du cœur de Jésus. Oh ! si c'était vrai !

⁂

Depuis hier matin, le saint Sacrement demeure au-dessus de ma chambre, dans une petite et pauvre chapelle. Mon Dieu ! quel trésor et quelle ressource pour moi, misérable et misère. Je sens, à certains instants, qu'il faut que je me précipite et m'absorbe dans cet amour.

⁂

Je veux aimer Notre-Seigneur, mais je suis trop lâche pour y arriver; qu'il daigne frapper de grands coups sur mon misérable cœur. Je ne suis pas digne de telles grâces, mais si le *Maître* veut néanmoins faire de moi un saint, je suis prêt à tout, non pas naturellement, car tout en moi y répugne, mais surnaturellement, car je suis ainsi persuadé que Notre-Seigneur est l'unique but où tout doit tendre, sous peine d'une complète absurdité.

***

Je connais par expérience ces moments de fatigue, d'accablement et d'obscurité, où l'on frémit à penser seulement à l'avenir.

***

Les Saints qui ont pratiqué le complet abandon de *tout* ont eu raison, je le sais, je le dis, je me le répète à moi-même ; et pourtant, je demeure faible, très accessible à l'ennui et à la peine, voyant clairement que si Notre-Seigneur *ne fait tout en moi*, je ne ferai rien de bon. Je suis pourtant assez calme. Je tâche de ne pas me laisser volontairement effrayer.

***

Saint François de Sales me faisait lire, ces jours-ci, cette déclaration que la « perfection » qu'il enseigne exige plusieurs années, et que ce n'est pas une petite affaire du tout. Cela m'a un peu consolé ; j'ai cru remarquer en mon âme *plus de dégagement* d'ici-bas,

***

Je me jette aux pieds de mon Maître crucifié, et j'y reste comme un ver de terre écrasé. Je ne suis à l'unisson de personne, ni pour les idées ni pour les sentiments. Rien ne va à mon pauvre cœur, je trouve partout différence, — indifférence et souffrance. Au fait, à certains moments, je me sens plus près que jamais de Notre-Seigneur.

Jusqu'ici, j'avais une certaine peur sensible de Lui, et quand, le soir, j'étais seul aux pieds du tabernacle, je me prenais à trembler. Depuis quelques jours, c'est fini : j'y suis très calme, et j'y ressens un peu plus d'amour. C'était chez moi une faiblesse dont Il m'a délivré au moins pour un temps. J'ai l'habitude, avant de m'endormir, d'aller me mettre à genoux tout contre le tabernacle, et quelquefois, tout en baisant l'autel avec tendresse, j'*avais peur* du divin Maître, si grand, si pur, si adorable ! C'est de cette peur *sensible* que je suis à présent dégagé. Je ne vois plus Notre-Seigneur que *par l'esprit*, pour ainsi dire, et l'esprit reste plus facilement calme.

***

C'était hier le vingtième anniversaire de la mort de ma bonne mère. Notre-Seigneur me l'a rendu plus consolant que les autres, je crois. Il me semble plus naturel que jamais de partir d'ici pour aller Là, et d'y reposer !

***

Je désirais les vacances, elles approchent et me font peur ! Le vide des choses d'ici-bas me paraît plus profond et plus réel. Je vais tâcher de faire encore un pas en avant vers Dieu. J'ai bien besoin d'y être aidé !

***

Je disais ce matin que je considère l'abandon total de notre volonté à celle de Dieu comme l'acte le plus vrai et le plus parfait de charité : cela me fait espérer que la grâce sanctifiante demeure en mon âme. Oh ! que ce serait horrible d'en être privé !

***

Notre-Seigneur me semble *me travailler* toujours un peu, pour m'amener au détachement absolu et final. La pensée de ma mort éloignée ou prochaine, je ne sais, s'impose fréquemment à mon âme. Je vois très clairement que mon passage ici-bas n'aura été qu'un souffle, sans utilité réelle pour la gloire du Maître !

***

Mon âme voudrait bien, ce me semble, aller plus droit et plus uniquement à Notre-Seigneur, je la laisse à peu près libre, mais je ne l'aide pas, je ne la pousse pas, et elle reste *en gare*.

***

Vous me dites que Notre-Seigneur veut que je devienne un saint. Oh ! que je le voudrais, non pour moi, qui en suis totalement indigne, mais pour *Lui*, qui le mérite tant. Oh ! si j'en venais à ne plus m'aimer, ni me rechercher en rien ! Oh ! si Notre-Seigneur s'emparait complètement de moi ! car il faut qu'il s'en empare, puisque je ne fais pas un pas vers *Lui !* Oh ! si ce misérable cœur savait aimer... Que cela serait beau et bon !

***

Demandez au Maître d'achever, coûte que coûte, de m'écraser et de me meurtrir si bien que j'aie un cœur tout nouveau. Oh ! pourtant, cela me fait toujours frémir. Mais n'importe! la *croix* pour l'*amour* et l'*amour* pour la *sainteté! Amen! Alleluia!*

***

Me voici donc entré dans ma quarante-deuxième année. J'ai beaucoup souffert, et c'est peut-être le meilleur résultat de tant d'années. J'ai essayé de servir mon Maître et ma Mère l'Église; mais je me suis heurté à mille obstacles et je n'ai pas fait grand'chose.

Hélas! cette histoire de mon passé sera sans doute celle de mon avenir! Mais je me résigne de bon cœur, je crois; et je laisse le grain de poussière à la disposition du Maître et de son souffle divin. « Tourne et retourne-moi dans le cercle que tu as tracé, dit la sainte Écriture. » Oui, oui, abandonnons tout et totalement! « Dieu ne souffrira pas que nous soyons tentés au-delà de ce que nous pouvons porter. » Et puis, jetons toutes nos pensées dans le Seigneur, « c'est lui qui nous soutiendra et nous nourrira! » Qu'importe que le pain soit de telle ou telle nature, de telle ou telle forme. C'est le pain de notre Père.

***

Je sens bien vivement que je mourrai: cette pensée me devient familière. Esprit étrange que le nôtre! il n'aime point et ne peut guère facilement s'accoutumer à cette idée féconde en espérances, en bonnes œuvres et en noblesse de cœur.

IV

LETTRES DE DIRECTION

Croyez bien que je serai très heureux de vous aider un peu, si je le puis, à porter votre fardeau. Combien nous avons besoin parfois d'un Cyrénéen ! Veuillez prendre tout droit de vous servir de moi comme vous le voudrez... En attendant, que Notre-Seigneur daigne nous accorder un ardent désir de la vie spirituelle et une efficace résolution de nous tenir obstinément dans sa main et plus encore dans son cœur.

Je vous bénis, et demeure votre bien dévoué et respectueux serviteur.

***

Votre lettre me montre que *le règne de Dieu est proche* ; il viendra et ne tardera pas. Ce sera une raison de plus d'organiser suivant les indications de Dieu même, votre oraison qui est actuellement l'essentiel. Ce soir quittez avec respect le jardin des Oliviers et allez vous agenouiller auprès de la croix de Notre-Seigneur. C'est là, près de la sainte Vierge et de saint Jean, à côté de sainte Marie-Madeleine, que vous vous tiendrez demain et lundi. Que le sang de Notre-Seigneur tombe sur votre tête et sur votre cœur ! Que ses pieds et ses mains percés vous donnent la grâce d'être bien crucifiée en toute démarche et action ! Que son cœur mourant vous apprenne à laisser doucement mourir le vôtre ! Et que ce divin Maître nous fasse à tous deux, ma fille, la miséricorde d'être définitivement et sans aucun mouvement de résistance, attachés sur notre croix !

***

Ne cédez pas volontairement aux distractions, assurément, mais ne vous inquiétez pas si elles redoublent. J'approuve fort ce que vous me dites des consolations. Pour les grâces de courage, elles sont excellentes, certainement; consentons cependant, ma fille, à nous trouver misérables, méprisables, incapables de tout bien, quand Notre-Seigneur veut nous laisser ainsi. Avoir assez de force pour ne pas sentir la douleur, c'est très bien ; mais qu'il nous est plus utile d'être parfois tout à fait remplis d'amertume et saturés d'angoisses ! Fermez les yeux à toute préoccupation soit pour l'oraison, soit pour le jugement même, vous laissant porter et entraîner par la très sainte et très puissante main de Notre-Seigneur.

... Je vous bénis de la part de Notre-Seigneur crucifié.

***

Demain matin, après votre communion, je renfermerai votre *âme* dans le tabernacle, afin qu'elle y passe ce jeudi et ce vendredi, dans le silence et la paix de la sainte Eucharistie, apprenant à y vivre sans efforts, à y penser, à y aimer, à y agir tout doucement. C'est plus que la mort et le tombeau : c'est la *vie* dans la mort, la *résurrection* dans la tombe. Ce que je ne sais pas dire, ni même penser, le Maître vous le dira.

***

Quand Notre-Seigneur le voudra, je serai heureux d'être son intendant pour vous. Oh ! ma fille, quelle joie j'aurai de vous savoir nourrie et fortifiée par ce froment de l'oraison ! Toute doctrine, toute science, toute nourriture qui vient de Dieu, me paraît certainement très digne d'admiration ; celle que je distribue à mes élèves, à la Faculté de Théologie, me tient vraiment à cœur ; mais l'autre la *manne cachée*, la *connaissance intérieure*, le *pain du cœur*, que je la préfère et qu'il m'est doux d'en être quelquefois le dispensateur...

***

Ma fille, quand Notre-Seigneur vous aura fait la miséricorde de vous donner *plus de part*, à son calice de fiel et de vinaigre, vous vous ne voudrez plus que cela, *toute autre soif s'éteindra*. Votre cœur deviendra plus ferme et plus généreux et plus large. Dans le dévouement et l'affection même, il aimera de trouver l'épine de la souffrance et de sentir le *vide éternel* de tout ce qui n'est pas Dieu ! Qu'il soit béni ! Vous allez donc, demain, finir cette retraite ou plutôt cette *introduction*, cette *préface* à un livre qu'il tarde à Notre-Seigneur d'écrire. La sainte communion que je pense vous donner encore et la consécration intime que vous ferez de vous-même à ce moment, telle sera la conclusion de cette *préface*, et la première phrase du *livre* tout ensemble.

***

Je pense que pour vos vacances, le récit évangélique de la Résurrection de Notre-Seigneur et des apparitions si touchantes du *Maître* à Marie-Madeleine, à Pierre, à Jean, et aux deux disciples d'Emmaüs, aux onze sur les bords du lac, vous fourniront de très utiles sujets d'oraison.

***

Ma chère fille, voici une de mes découvertes d'aujourd'hui et d'hier : c'est que Notre-Seigneur ayant, un jour, posé cette question : « Quelqu'un veut-il venir avec moi ? » Et nous ayant entendu répondre : « Oui, Seigneur ! moi ! », ajoute aussitôt : « Alors, changez de fardeau et de *bagage !* Déchargez-vous de *vous-même* et chargez-vous de *ma Croix et de moi !* » Comment ne pas consentir à ce changement ? Comment vouloir garder le poids honteux de soi-même, et refuser le poids si honorable et si doux du Maître ? Oh ! j'espère bien, ma fille, vous aider à dilater votre cœur et à le mettre au large. Nous avons tant besoin de cela pour faire le bien, et cela résulte si abondamment du règne de Dieu en nous ?

***

Oh ! je ne m'étais pas trompé dans mes prévisions à votre sujet, et mes espérances ne sont pas vaines. Vous aimerez le fiel et le vinaigre, et vous n'aimerez plus rien où ils ne seront pas, si ce n'est Dieu.

Que j'envie singulièrement votre position présente, malgré qu'elle ait ses douleurs poignantes ! Laisser doucement mourir son esprit, sa volonté, son cœur ; être très pauvre et le devenir davantage encore, jusqu'à un absolu dénûment. Oh ! que c'est le vrai chemin de l'amour vrai !

***

Oui, ma fille, rien n'est si bon que ce qui nous fait *le plus intimement* souffrir, parce que c'est plus *directement* opposé à nos passions ou à notre volonté qu'il s'agit d'enterrer. Soyez assurée que je mènerai volontiers le deuil.

***

Notre-Seigneur vous veut tout à Lui, c'est certain ! Il veut que vous compreniez et chantiez mieux chaque jour ce cantique de l'Amour divin qui est le *Pater Noster !* Oh ! depuis quelque temps, comme j'aime à le dire à la sainte messe, avant que de manger le *pain* de l'amour et de boire le vin de l'amour !

Avec ce cantique, ce pain et ce vin, nous pouvons tout souffrir et tout faire !

***

Continuez d'être abandonnée, « portée par les bras de Notre-Seigneur », toute confiante et paisible en la main de sa Providence. De plus en plus, laissez tomber toute poussière, jusqu'aux plus petits grains. « Je suis, dit Notre-Seigneur à la fin de son Apocalypse, je suis l'*étoile splendide du matin !* Et l'*Esprit* et l'épouse disent : Viens ! Et que celui qui entend, dise : Viens ! Et que celui qui a soif vienne ; et que celui *qui veut*, reçoive l'eau vive de la grâce ! »

Telle est votre situation présente, ma chère fille, l'Étoile splendide des cieux commence à vous éclairer, vous êtes à l'aurore. L'Esprit qui est en vous, et vous même, inspirée par Lui, vous dites à l'Étoile, qui est aussi l'Époux : venez ! Et moi, qui écoute et qui entends, je dis : venez en elle ! dans l'âme de ma sœur, dans le cœur de ma fille ! Et comme nous avons soif de Dieu et que nous *le voulons*, j'ai l'espoir que nous boirons au fleuve de son divin amour. Ne soyez pas étonnée de *sentir* plus vivement la présence de Notre-Seigneur en votre âme, qu'au divin Sacrement. Car c'est dans l'ordre. C'est en votre âme qu'il opère et qu'il habite. Il n'est au tabernacle que pour venir en votre âme ; c'est le but, c'est le terme qu'il désire.

***

La sainte théologie enseigne, ma fille, que les âmes qui meurent dans l'amour et dans la paix de Dieu sont tellement à Lui qu'elles ne disposent plus en rien d'elles-mêmes, leur volonté étant totalement et pour jamais unie à la sienne. Ce sera, s'il lui plaît, notre sort bienheureux, et nous ne saurions dire que nous ferons ceci ou cela dans ce jour si désirable de notre entrée au ciel. Mais j'ai quelque espoir que la mort ne brisera pas cette unité qui est, à mes yeux, presque miraculeuse.

⁂

Ma chère fille, certainement Notre-Seigneur vient. Ce qui l'attire surtout et qui hâte sa venue, c'est l'abandon *même* et *surtout* au milieu des distractions, et de la confusion des idées à l'oraison. Le calme et le repos, *en tant qu'ils dépendent de nous*, attirent aussi Notre-Seigneur ; mais, *en tant qu'Il nous les donne*, ce sont des marques de sa venue et des pas qu'Il fait vers nous. Or, souvent, ils ne dépendent point de nous, et nous ne devons pas nous attrister de ne les pas avoir. Disposez-vous seulement à les recevoir par plus de simplicité et de douceur dans tout votre intérieur. Dans les temps de distractions, essayez de faire des actes qui vous conduisent au repos, en vous remettant aux mains de Notre-Seigneur, en acceptant de nouveau la direction de saint François de Sales, en vous laissant *glisser* et *fondre* au foyer de l'amour, en agonisant et mourant spirituellement avec le divin Crucifié. *Oui*, ma fille, je recommande à votre esprit de se tenir en paix, même lorsque les distractions viendront le harceler ; et je suis persuadé qu'il va commencer à m'obéir ; même commandement au pauvre cœur ! Je préfère singulièrement que vous puissiez considérer les sentiments intérieurs de Notre-Seigneur et des saints, plutôt que leur forme et leurs actions extérieures ; cela prouve la *faiblesse de votre imagination*, et Dieu en soit béni ! Je suis comme vous en cela ; les fêtes les plus solennelles n'agissent que sur mon cœur ; je n'imagine rien, je ne me souviens de rien ; une certaine onction, suave et douloureuse tout à la fois, me pénètre plus ou moins intimement, et c'est tout. C'est le sentiment filial qui convient à l'exil où nous sommes. Un jour, *nous verrons !* et il y aura pour nous des torrents de lumière, des splendeurs infinies, des joies telles que notre cœur s'y abîmera pour jamais. En attendant, *souffrons pour aimer*.

⁂

Je pense, ma fille, que de baiser *doucement* et *fréquemment* votre crucifix serait un bon moyen pratique de recevoir *volontiers* toutes les croix et misères qui vous arrivent souvent, et qui vous porteront au rivage désiré de l'amour. Ma fille, regardez devant vous, en haut, et que votre regard se prolonge et se perde indéfiniment dans l'immensité de Dieu. C'est le résumé et la conclusion que je veux vous laisser de votre retraite, et je prie Notre-Seigneur de vous en donner l'intelligence.

Le sujet de votre examen particulier sera cette fixité de votre regard en Dieu.

***

A partir du 13, soyez comme un passager qui s'embarque pour son *pays* et *quitte la terre* où il était exilé : comme l'aéronaute qui coupe le dernier câble par où il tenait au sol. Ce n'est plus seulement la poussière qu'il faut laisser tomber. Que le vase s'élève en haut, très haut, comme le calice consacré, au-dessus de l'autel et de la tête du prêtre.

***

Je suis persuadé que je resterai toujours votre pauvre père spirituel d'une façon très efficace et très intime, parce que Notre-Seigneur l'a voulu et ménagé. Dans quelles conditions ? Je ne sais. Plusieurs fois pendant ces derniers jours, m'abandonnant complètement, moi et tout ce qui est à moi, aux mains du divin Roi de nos cœurs, je lui ai dit formellement que je suis *prêt au sacrifice d'Abraham*. Oui, vous le savez, ma chère fille, pour un petit degré d'amour divin en plus dans votre âme ou dans la mienne, je renoncerais immédiatement à votre souvenir. Vous feriez de même certainement. Mais, quoi qu'il en soit et quoi qu'il arrive, je suis sûr que ma direction (puisqu'il faut parler ainsi), ne sera pas un incident passager en votre vie ; vous en vivrez, vous en subsisterez jusqu'à l'éternité ; et lors même que ma mort ou quelque événement extérieur me séparerait de vous, je sais que, sous peine de rétrograder, vous demeurerez, comme pendant les vacances, sous l'influence de ma doctrine et de mon autorité paternelle. Je suis bien osé de penser cela, mais je crois que Notre-Seigneur ne fait pas deux fois de suite et en deux sens différents, ce qu'Il a fait pour vous cette année.

***

1er janvier.

Ma fille, je vais vous bénir de la bénédiction par excellence, de la bénédiction substantielle et divine qui est Notre-Seigneur. Bénédiction de la foi dont il est le Maître, de l'espérance dont il est l'inébranlable appui, de l'amour divin dont son Cœur est le foyer.

Oh ! qu'il nous est doux d'être ainsi bénis ! Demain, en vous donnant la sainte Communion, je vous consacrerai de nouveau à l'Amour divin, vous et tous vos actes de l'esprit et du cœur pendant cette année nouvelle ! Mon Dieu ! comme il me semble qu'elle sera utile et sainte à nos âmes ! Je la commence avec un calme profond, et je crois que c'est votre disposition aussi. Rien n'arrivera en 18.. que pour les intérêts de nos âmes. Quoi de plus ?

***

Ma fille, nous parlions du jugement divin et des sentiments avec lesquels il faut l'envisager. Je vous disais : « Si j'étais à la place de Notre-Seigneur sur son tribunal, quand vous y comparaîtrez, auriez-vous bien peur de moi, et ne sauriez-vous pas que je vous serais bon et indulgent ? » Vous me répondites : « Oh ! sûrement oui, je le saurais et je n'aurais point peur ! » Et je vous dis : « Mais Notre-Seigneur n'est-il pas infiniment meilleur que moi, et quelle comparaison entre mon pauvre cœur et le Sien de qui découle le peu de bonté que je puis avoir pour vous ? » Je vous citais aussi cette belle parole de saint Augustin qui me revient fréquemment à l'esprit : « Précipite-toi à corps perdu dans les bras de ton Dieu ; Il ne les ouvrira pas pour te laisser tomber ! » Oh ! que cela est vrai et consolant, ma fille !

***

Pour votre examen particulier pendant le mois de février, adoptez cette devise qui est de saint Paul : « En Lui, nous vivons, en Lui nous avons le mouvement et l'être », et voyez si, en réalité, votre personne tout entière se pénètre et *s'imbibe* pour ainsi dire de cette adorable présence en laquelle nous sommes. — Ne faites pas *d'efforts* à l'oraison pour trouver Notre-Seigneur *au dedans de vous*, où il est cependant bien certainement. Restez tranquillement dans le vide et le chaos, si cela lui plaît.

***

Quelque chose me dit, ma fille, que nous avons fait un grand pas, et que cette avalanche de tristesse, succédant à la glace et au froid des derniers temps, a pour but de combler les ornières du chemin royal par où Notre-Seigneur veut venir à vous. Mon Dieu, qu'elles sont profondes ces ornières où notre misérable nature s'est embourbée si longtemps ! Or, « toute vallée sera comblée et toute montagne aplanie, et alors viendra Celui qui doit venir. » Je vous bénis bien affectueusement au milieu de ce travail, et je ne vous laisserai pas écraser plus qu'il ne faut. C'est presque une joie pour moi de vous voir en cet état.

⁂

Ma chère fille, Notre-Seigneur vous enveloppe de *brouillards*. Vous y êtes un peu perdue. Vous voudriez en *être sortie*, et voir clairement le but et le chemin. Mais vous savez renoncer à ces désirs instinctifs, et vous résigner à être dans l'ombre. Oui, sachez-le, une fois de plus, vous êtes *où* Dieu veut que vous soyez ; et, dans cette nuit, vous marchez et avancez réellement. Quand le grand jour sera venu, vous serez tout étonnée d'avoir fait tant de chemin. J'y veille moi-même, et je crois pouvoir vous assurer que, depuis un an, je ne vous ai pas laissée stationner un seul jour. Ne soyez pas *volontairement triste de votre état*; il est bon ; c'est celui d'une terre qui est en pleine possession du propriétaire au temps de la neige comme au temps de la moisson ; le propriétaire en est *également content* en ces deux temps. — Ne vous tourmentez pas davantage au sujet de vos distractions. Je ne veux plus de ces retours en arrière à la façon de la femme de Loth qui aboutit simplement à être une statue de sel, *sel* de sagesse et de prudence, tant qu'on voudra, mais *statue* ! Donc point de réflexions sur la manière dont vous faites oraison, et dont vous vous y prendrez pour me dire votre situation. Quand vous êtes dans votre cellule, notez au passage ce qu'il sera bon de me communiquer, mais en dehors de là, n'en prenez pas souci. Notre-Seigneur vous le rappellera en temps opportun pour me le dire, s'il le faut. Et puis *Notre-Seigneur* vous mettra *quelquefois dans la désagréable impossibilité de me rendre compte comme vous le souhaiteriez* ; il faut vous y attendre. — La vivacité sensible de notre foi ou de notre amour ne dépend pas de nous ou bien peu. Mon expérience me le montre : il y a des jours où, sans aucune coopération de ma part, j'ai presque des ailes pour aller à Jésus. — Qu'Il soit béni ! — et d'autres, où sans motif appréciable, je suis plus lourd que le plomb. Ainsi de vous, ma chère fille, ainsi de tous ! Eh ! que voulez-vous, nous ne sommes pas encore au Ciel ! et quand nous y arriverons, il y aura, et de reste, de quoi nous améliorer, nous perfectionner et nous rendre heureux ! A l'oraison, faites ce que vous pouvez. Je veux que vous soyez *une âme de liberté*, et par conséquent, si quelque attrait survient, suivez-le en toute sûreté, sauf à m'en parler ensuite. — Votre état d'abandon et de repos filial dans les bras de Dieu est encore une oraison ; s'il ne vous est pas possible d'y rester au temps fixé pour la méditation, n'en ayez pas d'inquiétude. Suivez aussi l'attrait du moment pour chercher Notre-Seigneur, tantôt au tabernacle, tantôt au Ciel, tantôt en votre âme. . . . .

. . . .

Visez surtout maintenant au repos, au calme, à la suppression des mouvements intérieurs ou extérieurs qui seraient inutiles, je dirais presque à la suppression de votre existence qui doit être *si peu personnelle, si peu indépendante, si peu gouvernée par vous*, qu'elle le soit pleinement par la grâce !

⁂

Si vous n'avez pas de facilité *à vous imaginer* la Passion, tenez-vous simplement et intellectuellement unie à Notre-Seigneur souffrant. — Pour vous revêtir de Lui, il serait assez commode, pour commencer, de vous placer aux pieds de ce divin Crucifié, et de lui demander de faire tellement couler son sang divin sur vous, que vous en soyez toute couverte et détrempée. Voilà une pratique utile d'ici à Pâques. A partir de Pâques, demandez à Notre-Seigneur de vous revêtir de sa lumière.

Les nouvelles que je reçois de *** sont toutes également mauvaises et ne me laissent plus d'espoir. Je tremble pourtant d'en recevoir une plus douloureuse encore. Enfin, c'est la continuation de ma longue mort à tout, excepté à moi-même. Cependant, je me trouve assez libre et assez disposé à partir pour l'éternité quand il plaira à Notre-Seigneur.

⁂

... Portée à l'excès, la pénitence corporelle surexcite parfois l'ennemi. Aussi vous dirai-je : la pénitence pour l'oraison, l'oraison et la souffrance intérieure pour l'amour ; l'amour pour la sainteté ; la sainteté pour Dieu. — Eh bien, ma fille, faites comme saint Paul, étendez-vous vers l'idéal, que je vous ai marqué au jour béni de votre Profession d'amour. Avancez, avancez ! Dieu vous veut plus loin et plus haut. Comme un aimant infini, il vous attire et vous dit ces mots que vous avez souvent entendus, mais que vous comprenez enfin : « Je t'ai chérie d'une perpétuelle charité !... je t'ai tirée à moi par ma douce miséricorde ! » *Amen ! Alleluia !*

***

Je sais bien, ma fille, comment la Croix peut se rencontrer dans les plus hautes affections, et je sais bien aussi que je n'en suis pas la cause. La vraie cause en est dans cette hauteur et cette sainteté même ! D'où vient mon dévoûment pour vous ? de la Croix ; où vous conduit-il ? à la Croix, et celui que vous voulez bien avoir pour moi vient aussi de là, et m'aide à mourir à moi-même et à tout. C'est ce que vous expliquez justement par la différence du naturel et du surnaturel.

Naturellement, vous ne seriez pas enchantée que je fisse si bon marché de vous, et que je fusse si résigné à vous perdre de vue : l'amour-propre n'y trouve pas son compte. Surnaturellement, vous trouvez bon et vous voulez qu'il en soit ainsi, parce que vous comprenez ce que c'est qu'une âme de prêtre, et que vous souhaitez ardemment que la mienne soit grande et sainte.

Pour sujet d'examen particulier, prenez la fidélité à la pensée de l'immuable et bienheureuse Éternité.

***

Vous êtes *seule*, ma fille, c'est une situation parfois bien amère à la nature, et j'en sais quelque chose. Surnaturellement, quand on remédie à cette solitude par *l'abandon*, elle devient un des plus puissants moyens de perfection. C'est votre cas. Vous dites que Notre-Seigneur vous a donné quelqu'un dans cet isolement et qu'ainsi votre cœur peut s'ouvrir et se fermer ; vous avez raison, cela est ; et le mieux, c'est que votre âme en devient plus seule, plus abandonnée et plus pure, car, au fond, la pureté n'est que la belle et lumineuse solitude des Anges, de Dieu surtout, à laquelle nous avons l'honneur incomparable de participer, mais dans la souffrance et les larmes. Cette théorie est fréquemment sous-entendue ou exprimée dans l'*Imitation* qui est d'une admirable profondeur théologique, et je crois l'avoir indiquée en certains passages de l'*État religieux*. Oh ! bienheureuse êtes-vous, ma chère fille, d'être et de devenir de plus en plus seule !

***

.... Oh ! malgré mon infinie misère, j'ai bien ce double sentiment au cœur, et je n'aime si tendrement les pauvres pécheurs, mes frères, que parce que je sais qu'ils peuvent être ramenés à une admirable ressemblance avec *notre Frère aîné*, le Bien-Aimé, l'Adorable, le Très Saint et Très Pur Seigneur Jésus, Fils du Dieu très Pur et de la Très Pure Vierge Marie. Quel admirable mystère de rénovation et de transformation ! Puissions-nous y participer sans retenue, afin de nous y abîmer sans fin pendant l'Éternité. Ne vous eussé-je appris que cela, ma fille, ce serait assez, et tout sans cela ne serait rien. Je me recommande humblement, moi très pauvre et très misérable pécheur, à votre pitié et à vos prières. Dieu soit béni !

***

.... Il me semble qu'en prenant ces vacances, je fais la sainte volonté de Dieu. Je pense aussi à l'éternelle demeure où ne se rencontrent plus ces changements et ces voyages, sinon *pour suivre l'Agneau !* Je veux aussi vous donner un sujet d'examen particulier, entendu au sens large que vous savez, — à prendre le 15 août au matin : « Dieu vous aime ! » Que ce mot s'imprime de plus en plus sur votre cœur et sur votre bras.

Adieu, ma fille, et vivez pour Dieu à qui je vous remets plus entièrement encore pendant mon absence.

Qu'il soit béni !

***

15 août.

Ma chère fille, j'achève gravement et sérieusement de célébrer le triple anniversaire auquel vous avez bien voulu vous associer, aujourd'hui. Je demande pardon à Notre-Seigneur de tant de fautes qui ont rempli ma vie ; je le conjure de bénir tant de personnes ou que j'ai peinées, ou qui m'ont fait du bien, ou qui m'ont traité suivant mes mauvais mérites. Et puis, je dévoue doucement et fermement ce qui me reste de vie au service, et si je n'en suis pas indigne, à l'amour du Maître : *In manus tuas !* Il est très difficile de pénétrer en plein dans le surnaturel et dans la sainteté, très difficile aussi d'y entraîner les autres à sa suite, parce qu'il faut pour cela se résigner à de grandes séparations, à de grands délaissements, à de grandes contradictions. Que le divin Crucifié nous aide !

***

Ne nous contentons plus jamais de la sagesse et des consolations humaines, cherchons la lumière et les joies *d'au delà.* Je pense, ma fille, que l'examen particulier commencé aujourd'hui vous facilitera cette tâche ; mettez bien votre cœur *au large* à l'égard de Celui qui vous aime, et que vous apprenez à aimer ; cette raison de l'Amour est au-dessus de toute raison, et vous donnera une force au-dessus de toutes les difficultés et de toutes les forces opposées. Vivez de cette vie *extatique* dont parle saint François de Sales, qui s'écoule tout entière hors de nous vers le Bien-Aimé, et que le saint docteur explique si admirablement au livre VII, ch. VIII, et au livre VIII, ch. I, du *Traité de l'Amour de Dieu.* — Dites à Notre-Seigneur que je veux l'aimer.....

***

.... C'est le cas de s'abandonner plus que jamais et de se traîner comme un ver de terre, sur le sable de Gethsémani détrempé par la divine sueur de sang. La sainte Humanité de Notre-Seigneur est un *moyen*, et l'Infinie Essence de Dieu est le terme final où nous allons par nature et par grâce. Rien donc d'étonnant si à mesure que notre vie intérieure augmente, le sentiment de la Divinité l'emporte sur celui de l'Adorable et mille fois bénie Humanité de Notre-Seigneur. C'est dans l'ordre. — Il n'y a rien d'oisif dans votre oraison, lors même qu'elle est sans activité *apparente* et *sensible*. Dieu travaille et vous aussi. Continuez, tout va bien. Je suis content de ce que vous me dites, et *je vois* ce que vous ne me dites pas, ne le voyant pas de vous-même. Dans cette oraison, imprégnez-vous de douceur, de suavité et de patience.

Adieu, ma bien chère fille, et mille bénédictions de paix, de douceur, de force, et d'unité, dans l'amour de Celui qui aura notre cœur pour l'Éternité.

Aimez ! oh ! que l'unique joie de posséder ce Bien unique vous console sans cesse, et unifie en Lui tous les mouvements et tous les instants de votre vie.

***

.... Soyez tout au large avec Notre-Seigneur, de la manière que vous me dites, et aussi par une très grande et très pure familiarité, qui naît de l'Amour et qui le fait naître.

Vos relations avec votre communauté sont bien telles que je les veux, toutes surnaturelles, inspirées par les vues de la grâce et non de la nature, destinées à faire triompher celle-là autour de vous par la destruction de celle-ci en vous. Aimez beaucoup, beaucoup, toutes les âmes, particulièrement celles que votre charge vous oblige à contrarier dans leurs goûts et inclinations. Je vous le répète, ou bien mes principes me trompent, ou bien Notre-Seigneur vous a choisie pour établir son règne en votre maison, et vous êtes dans la voie qui vous conduira, et vos sœurs avec vous, à ce si désirable et nécessaire résultat.

Pour *tout*, y compris l'observation de la Règle, ne craignez pas de vous abandonner au bon plaisir divin. C'est si juste, si sûr, si nécessaire !

... De temps en temps, Notre-Seigneur me fait penser à vous quand, à la sainte messe, je vais commencer le *Pater Noster*, et j'y mets un sens et des demandes tout à fait paternels à votre égard. Je demande surtout que vous apprenant à aimer la Volonté céleste et à vous abandonner à Elle, je ne reste pas trop en arrière de votre abandon et de votre générosité.

Au nom du Sacré Cœur, je vous bénis de tout cœur mille fois.

***

Ne vous étonnez pas de votre répugnance à souffrir extérieurement. Cela doit être. Réagissez sans pourtant exagérer, et ne vous croyez pas obligée à toutes les pénitences dont la pensée vous vient : non ; ne faites que celles que vous avez calculées et résolues à l'avance, suivant mes idées. C'est plus *angélique*. — Si de *sentir* et d'aimer Notre-Seigneur sensiblement était une vraie perfection, les anges regretteraient de ne point l'avoir. Mais comme après tout, c'est ou bien une *consolation* pour notre faiblesse, ou un amour *éminemment renfermé* dans la charité qui est intellectuelle et angélique, ils n'en ont point de souci, et je pense qu'il nous les faut imiter ici courageusement. Quand Notre-Seigneur voudra que nous joignions à la charité le sentiment, nous l'en bénirons, mais nous serons comme des pierres et du marbre aussi volontiers, quand cela lui plaira. Oh ! c'est une bonne chose que *de la pierre* ! Notre-Seigneur en a fait le premier Pape qui supporte de cette façon tous les autres et toute l'Église ! *Avec des pierres*, on fait des fils d'Abraham ! et les pierres mêmes crient *hosannah !*

***

... Votre examen sur la sainte conformité (qui est un admirable degré de pureté spirituelle) est bon et utile. Ajoutez-y cette petite considération que votre saint ange gardien ne s'émeut et ne se trouble point des mille circonstances très changeantes où il vous accompagne, et que les ordres de Notre-Seigneur, les communications des autres saints anges, si fréquentes et si multipliées qu'elles soient, ne changent rien à sa bienheureuse immobilité. Regardez-le donc auprès de vous quand les occasions de trouble surviennent.

***

Oh ! oui, c'est *tout droit* qu'il nous faut aller à Notre-Seigneur. Mais encore, ce chemin en ligne droite qui mène à Dieu, faisons-le sans soubresauts, sans fracas, *doucement* et *harmonieusement*, glissant, plutôt que de *marquer le pas*.

J'approuve de toute mon âme, ma chère fille, l'offrande que vous faites à Notre-Seigneur de l'isolement complet où sa très sage et très miséricordieuse Providence vous mettra peut-être. Cette disposition est le sel qui empêche tout affadissement, la myrrhe qui conserve toute cette très pure et très aimable austérité dont Notre-Seigneur a fait la base de notre travail spirituel en votre âme. C'est par là qu'il a été efficace et rapide, c'est par là qu'il continuera de vous être *bon* et à moi aussi.

***

Nous portons un poids très lourd : celui de nos défauts et de nos manquements, de nos incapacités à l'oraison, de nos distractions volontaires ou nécessaires, libres ou non. Mais je pense que c'est un pressoir sous lequel notre cœur, si sec qu'il soit, donne pourtant à Notre-Seigneur quelques gouttes de vin pur et généreux ; et Notre-Seigneur nous dira, un jour : *J'avais soif et vous m'avez donné à boire !* — Je prie en ce moment saint François de Sales de vous présenter à Notre-Seigneur et Celui-ci, *de bien vous recevoir*, quand vous irez, après m'avoir lu, vous reposez à ses pieds. Je leur dis que vous êtes fatiguée et endolorie, et que je désire qu'ils vous consolent et qu'ils vous soutiennent — *une fois n'est pas coutume*.

Je vous bénis tout paternellement de leur part.

***

Fête de la sainte Lance.

Ma bien chère fille, je viens de faire une première prière pour la chère âme qui vous a quittée ce matin. Demain et après-demain, je célébrerai la sainte messe à son intention. Je prie pour vous aussi. Voilà tous les liens qui se brisent, toutes les ancres qui se détachent : que notre navire aille au large vers le rivage éternel ! Adieu, ma fille, à Dieu ! Au Dieu immortel des siècles, en qui et par qui nos âmes vivront pour ne plus mourir.

Au Dieu immortel des siècles qui nous ouvre ses bras paternels, et le Cœur profond de son Fils mort pour notre amour. Puissions-nous y reposer en paix avec tous ceux que nous avons aimés ici bas ? *Requiescant* IN PACE ! Oh ! la paix ! la paix sans trouble et la lumière sans ombre ! « C'est là que je m'endormirai en paix, dit le Psalmiste, et je me reposerai ! » Mon Dieu ! que notre cœur en a besoin et qu'il le désire !

***

Je crois que Notre-Seigneur veut que je vous envoie deux mots de consolation. Il veut que vous soyez *grande*, *haute*, *calme*, *libre* de cœur et d'esprit, — et que je vous le dise. Ne dites et ne faites que ce qui est utile pour sa gloire souveraine et pour son service. Si vous devez encore porter la croix ce sera pour Lui, avec Lui ! Renouvelez votre *profession d'amour* et les plus généreuses résolutions que la grâce vous a inspirées depuis deux ans, surtout le 9 novembre. *Allez souvent à l'évêché de Genève !* Quand vous avez un instant libre, dilatez-vous l'âme dans l'amour de la volonté divine, ce sera une rosée céleste et un rafraîchissement.

Je prie mon saint Ange gardien de se tenir à votre disposition en ce moment, et *d'aider le vôtre* qui me paraît avoir bien de l'occupation !

Adieu ! vive Jésus ! vive son amour et son éternité.

Mille bénédictions paternelles en ce moment et tous les jours suivants.

***

J'avais fait ce matin, à la sainte messe, le complet sacrifice que vous savez. Notre-Seigneur l'a agréé, j'en suis sûr, et, en même temps, Il n'a point voulu en imposer l'exécution.

Et vous, ma bien chère fille, vous aurez la croix, vous aurez aussi, comme par le passé, mon dévouement et mon temps dans la bonne et libre mesure qu'il vous plaira ; vous savez que je n'en manquerai point pour vous. Votre âme est au premier rang des objets que je veux, Notre-Seigneur le voulant lui-même ainsi, préparer et consacrer davantage à son service. Pour votre examen particulier, prenez l'*imitation de votre saint ange gardien :* comment gouvernerait-il votre maison et vous-même ?

⁂

Je n'étais point pressé samedi... Mais, à vrai dire, je n'étais pas fâché, justement parce que cette visite pouvait être la dernière, d'y mettre pour vous et pour moi un peu de mortification et d'austérité en l'abrégeant. Et maintenant, plus que jamais, en avant, en haute mer ! Je crois, ma chère fille, vous avoir fait faire votre noviciat pendant ces deux dernières années. Vous voilà comme *professe*. *Je vous traiterai en conséquence,* vous aidant bien paternellement, malgré toutes mes misères, à devenir ce que le Cœur de Notre-Seigneur et votre communauté ont le droit d'attendre de vous. Je vous bénis tout affectueusement et avec un dévouement plus profond encore, s'il est possible. A Dieu !

⁂

... Sujet d'examen particulier : *la paix quand même.* Quand même vos défauts seraient accablants ; quand même le cher prochain souffrirait à cause de vous ; quand même vous ne sauriez comment faire face aux difficultés intérieures et extérieures, *il est bon* que la présence sensible de Notre-Seigneur diminue ; la réalité y gagne.

Eh bien ! ma chère fille, demeurez dans la paix et dans l'assurance que Dieu vous aime. Cette assurance se fait jour peu à peu dans mon âme, en ce qui me concerne.

Adieu, soyez toute et toujours à Dieu seul ! Qu'il soit béni !

⁂

Je crois, ma chère fille, qu'une religieuse peut communier tous les jours quand : 1° elle a besoin de ce secours, à cause de ses défaillances, et qu'elle en profite pour persévérer dans le bien ; ou bien 2° quand elle est sincèrement résolue à chercher Notre-Seigneur seul, à vivre d'oraison et d'abnégation, je voudrais dire aussi à être la vraie fille de saint François de Sales ou de sa doctrine spirituelle ; dans de telles conditions, les écarts et les oublis ne peuvent être bien graves, et la sainte Eucharistie apportant de grandes grâces, je permettrais de communier tous les jours . . . .
. . . .

Adieu, ma bien chère fille. Je vous bénis encore d'une bénédiction de force, de douceur, de résolution à *aller jusqu'au bout*, quel qu'il soit, et quels qu'en soient les chemins.... Dieu soit béni !

***

... Je suis content que les comparaisons de notre cher saint François de Sales ne vous embarrassent pas : cela me prouve que vous êtes sa vraie fille et que vous êtes entrée dans son esprit et dans son cœur. Certainement, il parlerait aujourd'hui d'une autre façon, mais pour les âmes pures, il est si pur, si chaste, si angélique ! Et quel bonheur, ma fille, de lui confier son âme, de la mettre à son école qui est toute de lumière et d'amour ! Oui, passez l'oraison DANS l'Éternité et l'Infinité de Dieu, autant que possible, mais *sans nulle contrainte ;* donnez la même forme à la *présence habituelle* de Dieu ; aucune réflexion, surtout prolongée, n'y est nécessaire ; c'est comme un *regard* qui plonge dans ce ciel infini des adorables perfections ; c'est comme une *application* du *pauvre* cœur qui s'y appuie et s'y repose.

Adieu, ma bien chère fille, *relevez souvent votre cœur*, dites à Notre-Seigneur que *tout est pour Lui désormais*, que *sa grâce est votre unique ressource*, et que vous savez et croyez qu'elle vous sera donnée toujours abondamment. Et béni soit l'Infini et l'Éternel en miséricorde et en compassion, pour nos perpétuelles misères et défaillances ! Oh ! il sera vrai, un jour, que nous l'*aimerons !* Amen !

***

Demeurons bien dans l'esprit de l'hymne angélique chanté à la naissance de Notre-Seigneur : 1° Gloire à Dieu, *aussi haut que possible*, jusqu'aux cieux ! et pas de gloire pour nous, qui n'en méritons point du tout ! 2° Paix sur la terre aux âmes de bonne volonté, et nous espérons que les nôtres en sont, car elles se défont de leur volonté propre pour appartenir uniquement à celle de Dieu qui est infiniment bonne, ou plutôt le Bien Infini. Je crois, ma chère fille, que pour arriver à cela, et moyennant cela, à la paix, il nous suffit de considérer quelquefois l'incapacité et l'inutilité de notre volonté propre, puis d'attendre que Notre-Seigneur y substitue la sienne. C'est l'esprit et la méthode de Mgr de Genève, celle que vous suivez, celle qui me sert le mieux.

***

Eh bien ! oui : résignons-nous gaîment à fournir la preuve expérimentale que la terre est une vallée de larmes, que l'on n'arrive au Ciel qu'à travers beaucoup de tribulations, que la croix seule est vie et salut, et qu'il faut mourir pour vivre. Notre-Seigneur a enseigné tout cela, consentons qu'il le démontre en nous et par nous ; soyons volontiers le « tableau noir » sur lequel ce divin Maître fait sa démonstration. — Prenez pour examen particulier, l'*exaltation* de la Sainte Croix en vous, en votre âme, en votre corps, en votre maison, en vos sœurs. Qu'elle soit dressée, arborée hautement, saluée triomphalement et amoureusement, dominant tout et sauvant tout. — Je me réjouis pour le Cœur de mon Maître qu'il y ait des cœurs très avides de devenir très lumineux, très purs, très *cristallins*, comme disait Mgr de Genève, pour lui plaire et pour l'aimer. Quelle joie ! ma fille, de voir en Paradis tant de beaux cœurs ouverts comme des lis, au soleil du Cœur de Jésus !

. . . .

***

Je vois très clairement que l'homme n'est rien et ne peut rien ; que Dieu n'a nul besoin de lui, mais lui infiniment besoin de Dieu ; que notre existence, notre conservation, notre sanctification seraient inexplicables si la miséricorde divine n'était infiniment surabondante. J'ai souvent le désir de faire là-dessus un petit traité qui serait comme mon testament et que je donnerais à imprimer après ma mort. Peut-être une voix partie de la tombe ferait-elle impression sur quelqu'un de ces innombrables illusionnés qui ne savent la signification ni de la vie ni de la mort. Que Notre-Seigneur vous garde bien, ma chère fille ! qu'Il vous garde *à* Lui et pour *Lui*. Qu'Il ne laisse rien entraver votre marche vers Lui, et votre amour pour Lui. Que l'édifice intérieur de votre perfection s'élève ; et que les anges bénis vous portent dans leurs mains, afin que vous ne vous heurtiez jamais plus à rien de terrestre ni d'humain indigne de Celui que nous voulons uniquement servir.

***

Faites fête à la *Croix*, portez-la *triomphalement* au sommet de votre cœur, comme en un piédestal élevé et joyeux de son rôle. A chaque peine qui survient, à chaque embarras, à chaque défaillance, *relevez le piédestal,* « relevez votre cœur, » disait Mgr de Genève, et il est entendu que le cœur servant de support à la croix, l'exaltation de celle-ci est bien l'exaltation de celui-là. Les anges ne disent rien non plus à Dieu, quand ils le voient et l'aiment. Ils ne *discourent* pas, ne *raisonnent* pas : ils ne sont que comme des *regards simples* sur Dieu, des actes simples d'acquiescement à la volonté de Dieu, s'approchant aussi, bien plus parfaitement que nous, de l'infinie simplicité de Dieu. Les agitations du monde qu'ils gouvernent, les distractions perpétuelles des âmes qu'ils assistent, ne troublent aucunement leur complète sérénité. Eh bien ! que nos âmes, au milieu du monde intérieur et extérieur des choses qui troublent et qui se troublent, demeurent simples et calmes comme les anges.

Je crois, ma chère fille, que ceci vous éclairera et vous consolera sur le fait des distractions.

⁂

Soyez l'*enfant* du bon Dieu, de sa sainte Mère et de ses saints, pourtant sans petitesse, sans mièvrerie, sans mignardise. Notre enfance doit être angélique et digne de « notre Père qui est aux cieux, » vous me comprendrez sur ce seul mot. — Oh ! ma chère fille, le piédestal de la Croix n'est pas toujours à son aise ! j'en vois plus d'un tout écrasé et pulvérisé par le saint fardeau qu'il porte. A vrai dire, c'est peut-être le meilleur résultat et la meilleure récompense, et le pauvre cœur dont vous me parlez le sait bien, puisqu'il lui manque beaucoup quand il lui manque de souffrir.

⁂

Je me suis parfaitement aperçu, ma fille, de la tristesse que vous causait mon conseil de garder le silence sur certains points. Mais, comme je veux vous prémunir contre le scrupule, et qu'il y aurait vraiment scrupule à ne pas savoir mépriser des détails insignifiants et sur lesquels j'ai prononcé formellement, je tiens à ce que vous les taisiez absolument et partout, sauf la permission que vous conservez entière : 1° de me rendre compte généralement de votre état et de vos ennuis ; 2° de me soumettre les questions nouvelles ; 3° de vous délivrer de pensées ennuyeuses et fatigantes en m'en parlant ; 4° de me consulter sur les doutes qui surviendraient. Je vous ai laissé parler tant que cela m'a paru utile, pour m'éclairer et vous fortifier. Je vous arrête quand il me semble meilleur de vous taire et de ne pas surtout vous préoccuper.

***

... Je vous crois très misérable comme vous êtes. Rien ne m'échappe et les détails que vous me donnez aujourd'hui n'ajoutent rien à la connaissance que j'ai de votre âme. Je l'aime trop sincèrement pour m'aveugler sur ses défauts — ce qui est le contraire des affections de ce pauvre monde. — Votre souffrance actuelle et l'absence de Notre-Seigneur n'ont rien d'inquiétant; je le saurais et m'y opposerais. Mais Notre-Seigneur travaille quand même : *Sa volonté se fait place en vous.* — Oh! que votre obéissance pour la sainte communion lui est agréable, et profitable à votre cœur. — Continuez d'étouffer ces inquiétudes *vaines*, car elles le sont, et vous réaliserez ainsi le *grand progrès* auquel j'ai décidé de vous obliger. Le cœur en sera déchiré plus d'une fois, mais n'importe! Je lui serai secourable certainement, mais inflexible. *Suivez-moi bien ici*; J'Y COMPTE. Communiez d'abord jusqu'à ce que vous me voyiez, alors nous aviserons. Tenez ferme, tenez ferme! — Mgr de Genève sait bien tout ce qu'il nous faudrait; c'est cela que nous lui demanderons, les yeux fermés, mais le cœur très ouvert. — Changez le sujet de votre examen particulier et prenez celui de la complète obéissance d'esprit et de jugement envers le pauvre guide que Notre-Seigneur vous a donné. — Nous avançons, ma fille, vers la *grande Éternité*! Oh! Bienheureux ceux qui en ont franchi le seuil glorieux. Quelquefois, à la sainte messe, je place votre âme auprès de la sainte hostie, à gauche, et la mienne, à droite, afin qu'avec le divin Bien-Aimé, elles soient offertes, sacrifiées, agréées par Notre-Père qui est aux cieux. Je pense avec une consolation qui me fait venir les larmes aux yeux, que pendant l'Éternité, *la grande Éternité*, cela sera tout à fait réalisé par l'unique miséricorde du Cœur du Maître. *Amen! Amen!* Mille paternelles bénédictions. *Pax Christi!*

***

Ma bien chère fille, non, je ne veux pas diminuer la liberté complète que vous avez de m'écrire, sauf les points particuliers sur lesquels je trouverais bon de mettre une petite défense. Demeurez donc bien au large pour tout le reste. Vous êtes en effet dans une phase un peu difficile, et la mort spirituelle qui fait son œuvre ne la fait pas sans qu'il y ait angoisse et agonie. Je le sens très bien, cela m'inspire une compassion plus paternelle que jamais, et pourtant je vous laisse et vous fais même mourir ! Ah ! c'est que je ne veux qu'une chose que vous voulez vous-même uniquement, *le règne de Dieu !* Je ne vous donne de consolation que *juste* ce qu'il vous en faut ; quant au dévouement, vous savez ce qu'il est.

⁂

Fête de saint Thomas d'Aquin,

Mille bénédictions de paix, de recueillement et de force angélique à ma chère fille ! Je recommande instamment son âme à Notre-Seigneur, le Roi des anges, et à mon angélique Maître, saint Thomas, l'ange de l'école, et le protecteur de tous ceux qui veulent être des anges sur la terre, pour habiter parmi les saints anges dans le Ciel ! Si votre ange gardien, ma fille, faisait une retraite, — et peut-être en fait-il une avec vous, — il y mettrait un caractère tout particulier de simplicité, de calme, de douceur, de confiance, un caractère angélique. Que ce soit le caractère de la vôtre ! O Roi des anges, ô Créateur des anges, ô Sanctificateur et doux Ami des anges, ô Lumière et Joie et Force des anges, donnez-nous leur esprit et leur volonté, pour vous connaître et vous aimer angéliquement, sans goûts ni ardeurs sensibles, mais angéliquement ; sans élans et violences, mais angéliquement ; sans retours, ni fin, ni défaillances, ni partage, mais angéliquement ! et pendant une vie et surtout une éternité tout angéliques !

Béni soit le Dieu des anges ! Bénis soient les anges de Dieu et de notre cœur !

⁂

Il se peut faire, ma chère fille, que les *orages* et les *pluies* soient moins considérables dans les âmes qui prennent *moins à fond* les choses du service de Dieu et de son amour. Mais pourtant qu'il nous est bon de souffrir de la sorte ! qu'il est bon que le pauvre misérable cœur se déchire et s'agrandisse par ses déchirements ! Qu'il est bon que nous *sentions* et *éprouvions* le rien, le néant, le vide, le vague de tout ce qui est, sauf Dieu ! Allons donc à Lui et provoquons-le ! Non ! que Notre-Seigneur *ne se gêne pas* avec nous, et qu'Il nous ôte ce qu'Il laisse encore aux autres ! Que nous n'ayons *presque rien* de la vie présente, et de ses joiès et de ses consolations, et de ses forces ! presque rien qui ne soit amer et comme empoisonné. Oui, que les autres réussissent, et ne souffrent pas, tandis que nous souffrirons et travaillerons sans voir le succès le notre travail et le fruit de nos larmes . . . .

. . . .

***

Adieu donc, ma bien chère fille ! Confiez-vous et abandonnez-vous de plus en plus au Maître ! Que sa joie et sa paix *qui surpassent tout sentiment* confirment votre âme dans son amour. Qu'Il opère librement en vous, *à sa guise* ! Et qu'à toutes ses divines opérations, vous répondiez par le sourire filial d'une âme qui n'a plus que Lui !

Mille bénédictions très paternelles !

***

... Oui, oui, chère fille, *abandonnons-nous* et totalement ! « Dieu ne souffrira pas que nous soyons tentés au delà de nos forces. » Bénie soit la grâce qui vous travaille et qui opère en vous !

Pour sujet d'examen particulier : L'imitation de Notre-Seigneur pendant la *première heure* de son crucifiement, avec les deux premières paroles qu'Il y prononça. Le mois suivant, la deuxième heure et la troisième, avec la quatrième parole ; le mois suivant, encore la troisième heure, avec les trois dernières paroles.

***

Oui, Notre-Seigneur qui vous aime, vous veut *sur sa croix*.

Et où voudriez-vous qu'Il pût vous vouloir si ce n'est là ? Il y est toujours *Lui*, et c'est là qu'on est sûr de Le trouver. La croix est au-dedans de nous-mêmes, en dehors aussi ; il faut un double crucifiement pour mourir, et pour vivre au dedans et au dehors. Si nous étions seuls sur la terre, nous pourrions nous contenter du crucifiement *intérieur* ; mais nous sommes en compagnie, et c'est pourquoi il faut que nous soyons extérieurement crucifiés. Aussi, *tout* se trouve racheté, purifié, *ravigéré*, comme on disait à l'évêché de Genève. Oui, la *vigueur* de l'âme est dans le crucifiement, comme celle des arbres dans la taille qu'on leur fait subir, et qui est *cruelle* pour eux.

FIN.

BIBLIOGRAPHIE[1]

1860

Description du cloître du Séminaire de Verdun, par l'abbé J. Didiot, dessins par M. l'abbé Sauvage. Ouvrage manuscrit de 40 pages.

1861

« A monsieur sainct Bonaventure, son fils et petit serviteur, » poésie par Jules Didiot. — Ami des livres, septembre 1861, 2 pages.

1862

L'archéologie sacrée à Rome. — Arras, *Rousseau*, 1862. In-8, 20 pages. (R. des Sc. eccl., nov. 1862.)

1863

Theses de pœnitentia, de indulgentiis, de extrema unctione et de matrimonio. XII kal. August. M.D.CCC.LXIII. — Rome, 1863. In-8, 26 pages.

Oratio quam habuit Julius Didiot, virdunensis, dum in collegio S. J. romano theses theologicas publice propugnavit, XII kal. Aug. M.D.CCC.LXIII. — Atrebati, *Rousseau*, 1863. In-8, 4 pages. (R. des Sc. eccl., août 1863.)

De la simplification des mouvements. Boutade d'étudiant en vacances. Manuscrit, 12 pages.

1864

La théologie des Catacombes catholiques. — Arras, *Rousseau*, 1865. In-8, 141 pages. (R. des Sc. eccl., janv. à déc. 1864.)

Souilly et sa prévôté en 1649. — Verdun, *Laurent*. In-8, 30 pages.

1865

De la dévotion à saint Joseph. — Arras, *Rousseau*, 1865. In-8, 3 pages. (R. des Sc. eccl., août 1865).

---

1. Nous avons utilisé, pour établir cette bibliographie, l'excellent travail de M. le doyen Quilliet : *L'Œuvre scientifique de M. le chanoine J. Didiot*.

1866

Saint Joseph et l'art chrétien primitif. — Arras, *Rousseau*, 1866. In-8, 17 pages. (R. de l'art chrétien, mai 1866.)

Le scepticisme contemporain. — Arras, *Rousseau*, 1866. In-8, 19 p. (R. des Sc. eccl., juin 1866.)

Un procès de canonisation au XVIIe siècle ; documents inédits. — Arras, *Rousseau*, 1866. In-8, 6 pages. (R. des Sc. eccl., sept. 1866.)

Les règles de la psalmodie mises à la portée de tout le monde (Abbé Petit et abbé Didiot.), 2e édition. — Verdun, *Laurent*, 1866. In-12, xi-124 pages.

1867

De quelques récents travaux d'archéologie chrétienne. — Arras, *Rousseau*, 1867. In-8, 43 pages. (R. des Sc. eccl., janv. et mars 1867.)

L'Église et la science allemande. — Arras, *Rousseau*, 1867. In-8, 45 pages. (R. des Sc. eccl., avril et juil. 1867.)

1868

Guillaume de Champeaux et la critique moderne. — Arras, *Rousseau*, 1868. — In-8, 72 pages. (R. des Sc. eccl., déc. 1867, févr. et mars 1868.)

Notice historique sur l'église d'Olley. — Metz, *Rousseau*, 1868. In-8, 16 pages.

1869

Note sur l'accentuation latine. — Arras, *Rousseau*, 1869. In-8, 6 pages. (R. des Sc. eccl., janv. 1869.)

Saint Jean l'Évangéliste. — Arras, *Rousseau*, 1869. In-8, 23 pages. (R. des Sc. eccl., juill. 1869.)

Des progrès de la philosophie scolastique. — Arras, *Rousseau*, 1869. In-8, 34 pages. (R. des Sc. eccl., mars et déc. 1869.)

1870

Un acte public au Collège romain. — Arras, *Rousseau*, 1870. In-8, 3 pages. (R. des Sc. eccl., juill. 1870.)

1871

L'attrition. — Arras, *Rousseau*, 1871. In-8, 23 pages. (R. des Sc. eccl., juil. 1871.)

Bibliothèque ascétique, d'après saint Thomas d'Aquin. L'État religieux. — Verdun, *Laurent*, 1871. In-12, 371 pages.
2e édition. Lille, *Bergès*, 1893. In-12, xv-274 pages.

La chasteté religieuse. — Arras, *Rousseau*, 1871. In-8, 12 pages. (R. des Sc. eccl., août 1871.)

1872

Trois commentaires bibliques. — Amiens, *Rousseau*, 1872. In-8, 20 pages. (R. des Sc. eccl., janv. 1872.)

Une nouvelle édition de saint Bonaventure. — Amiens, *Rousseau*, 1872. In-8, 2 pages. (R. des Sc. eccl., février 1872.)

Un philosophe socratique. — Amiens, *Rousseau*, 1872. In-8, 74 pages. (R. des Sc. eccl., sept. 1871, janv. et août 1872.)

Le Cantique des cantiques, de Mgr de la Bouillerie. — Amiens, *Rousseau*, 1872. In-8, 6 pages. (R. des Sc. eccl., nov. 1872.)

Saint Rouin et son pèlerinage. — Verdun, *Laurent*, 1872. In-18, 229 p.

1873

L'avenir de la musique religieuse. — Amiens, *Rousseau*, 1873. In-8, 6 pages. (R. des Sc. eccl., mai 1873.)

N. Arnou, dominicain verdunois, philosophe et théologien du XVIIe siècle. — Verdun, *Laurent*, 1873. In-8.

1874

Saint Thomas d'Aquin. — Paris, *Poussielgue*, 1874. In-12, 219 pages.

The religious state according to the doctrine of St Thomas. — London, *Burns*, 1874. In-18, xvi-388 pages.

1875

Epistola theologica ad cl. v. D. Bellocq, S. J. — Amiens, *Rousseau*, 1875. In-8, 17 pages. (R. des Sc. eccl., mai 1875.)

Inscriptions anciennes de Rome. — Amiens, *Rousseau*, 1875. In-8, 12 pages. (R. des Sc. eccl., oct. 1875.)

1876

Flines. — Amiens, *Rousseau*, 1876. In-8, 26 pages. (R. des Sc. eccl., janv. 1876.)

Quaestiones philosophicae, auctore Sylvestro Mauro, S. J. presbytero, editio novissima. — Notes d'un bibliothécaire, Extrait de la R. des Sc. eccl. — Le Mans, *Leguicheux-Gallienne*, in-8, 7 pages. (R. des Sc. eccl., juin 1876.)

1877

Le Concile du Vatican. — Amiens, *Rousseau*, 1877. In-8, 59 pages. (R. des Sc. eccl., janv. 1874 et juill. 1877.)

Notes d'un bibliothécaire. — Amiens, *Rousseau*, 1873-1877. In-8, 145 pages. (R. des Sc. eccl., 1873 à 1877.)

Jean Baleycourt, écrivain et historien verdunois du XVIIe siècle. — Verdun, *Laurent*, 1877. In-8, 38 pages, 1 fac-similé. (Mém. de la Soc. philomatique de Verdun, t. VIII.)

Inauguration de l'enseignement théologique à l'Université de Lille. — Amiens, *Rousseau*, 1877. (R. des Sc. eccl., nov. 1877.)

1878

Tituli funebres in parentalibus ab Universitate Catholica Insulensi Pio IX, P. M., factis ad Mariae Virginis in Cancellis, XII kal. martias, anni M.D.CCC.LXXVIII. — Insulis, *Ducoulombier*, 1878. In-8, 16 pages.

Œuvre du denier de Saint-Pierre. La propagande des enseignements pontificaux. Rapport lu à la séance de clôture des comités catholiques du Nord. — Paris, *Pillet*, 1878. In-18, 16 pages. (Assemblée gén. des catholiques du Nord et du P.-de-C., 27-28-29-30 nov. et 1er déc. 1878. Lille, *Lefebvre-Ducrocq*, 1879. In-8, 10 pages, 306-315.)

Pie IX et la science sacrée. — Arras, *Laroche*, 1878. In-8, 34 pages. (R. des Sc. eccl., févr. 1878.)

Oratio in laudem D. Thomae Aquinatis, Insulis habita, die VII Martii, anno M.D. CCC. LXXVIII. — Arras, *Laroche*, 1878. In-8, 12 pages. (R. des Sc. eccl., mars 1878.)

Les Facultés de Théologie en Allemagne. — Arras, *Laroche*, 1878. In-8, 29 pages. (R. des Sc. eccl., avril 1878.)

Enseignement supérieur libre. Université catholique de Lille. Séance solennelle de rentrée (12 novembre 1878.) Rapport sur les travaux du collège théologique pendant l'année académique 1877-1878. — Lille, *Lefort*, 1878. In-8, 10 pages.

1879

L'enseignement théologique à l'Université catholique de Lille en 1877-1878. — Arras, *Laroche*, 1879. In-8, 20 pages. (R. des Sc. eccl., janv. 1879.)

Rome et Woodstock. — Arras, *Laroche*, 1879. In-8, 28 pages. (R. des Sc. eccl., févr. 1879.)

Un rêveur d'autrefois. Étude philosophique. — Arras, *Laroche*, 1879. In-8, 22 pages. (R. des Sc. eccl., mai 1879.)

De l'essence de la grâce sanctifiante. — Arras, *Laroche*, 1879. In-8, 11 pages. (R. des Sc. eccl., juin 1879.)

Les œuvres du cardinal Régnier. — Arras, *Laroche*. 1879. In-8, 34 pages. (R. des Sc. eccl., juin 1879.)

Une thèse de doctorat en théologie. — Arras, *Laroche*, 1879. In-8, 14 pages. (R. des Sc. eccl., août 1879.)

L'Encyclique *Æterni Patris* du 4 août 1879. — Arras, *Laroche*, 1879. In-8, 22 pages. (R. des Sc. eccl., sept. 1879.)

Les théologiens de Douai. Introduction. — Amiens, *Rousseau*, 1879. In-8, 3 pages. (R. des Sc. eccl., sept. 1879.)

Un historien protestant du concile de 1870. — Arras, *Laroche*, 1879. In-8, 18 pages. (R. des Sc. eccl., oct. 1879.)

Une promotion à l'Université catholique de Lille. — Lille, *Ducoulombier*, 1879. In-8, 11 pages. (Bulletin des Fac. cath. de Lille, oct. 1879.)

La théologie à l'Université catholique de Lille en 1878-1879. — Arras, *Laroche*, 1879. In-8, 14 pages. (R. des Sc. eccl., nov. 1879.)

1880

Pie IX et Léon XIII. — Lille, *Desclée*, 1880. In-4, 3 pages. (Almanach catholique de France, 1880.)

Saint Thomas d'Aquin et les actes du Pape Léon XIII. — Arras, *Laroche*, 1880. In-8, 32 pages. (R. des Sc. eccl., janv. 1880.)

Discours sur l'enseignement, la propagande et l'art chrétien. — Lille, *Lefebvre-Ducrocq*, 1880. In-8, 11 pages. (Assemblée gén. des catholiques du Nord et du P.-de-C. tenue à Lille du 19 au 23 nov. 1879, p. 53-64.)

Tituli festivi quos divo Thomae Aquinati Julius Didiot, theologorum Insulensium decanus, unusque ex scriptoribus commentariorum de scientiis ecclesiasticis, Atrebati singulis mensibus editorum, suo et sociorum nomine dicabat, nonis martiis, anni M.D.CCC.LXXX. — Atrebati, *Laroche*, 1880. In-8, 16 pages. (R. des Sc. eccl., mars 1880.)

La théologie à Lille en 1879-1880. — Discours prononcé, le 4 novembre 1880, à la rentrée solennelle des Facultés catholiques de Lille. — Arras, *Laroche*, 1880. In-8, 12 pages. (R. des Sc. eccl., nov. 1880.)

Discours à la séance solennelle de rentrée, le 4 novembre 1880. — Lille, *Ducoulombier*, 1880. In-8, 9 pages. (Bulletin des Fac. cath. de Lille, déc. 1880.)

L'excommunication. Discours prononcé, le 14 novembre 1880, à l'ouverture de l'assemblée générale des catholiques du Nord et du Pas-de-Calais. — Lille, *Lefebvre-Ducrocq*, 1880. In-8, 16 pages. — Paris, *Pillet*, in-4, 8 pages. (Assemblée gén. des catholiques du Nord et du P.-de-C., tenue à Lille du 24 au 28 nov. 1880. — Lille, *Lefebvre-Ducrocq*, 1881, p. 43-56.)

Inscription pour la première pierre de l'école catholique des Arts et Métiers, 27 novembre 1880. — Lille, 1 feuillet in-4.

1881

Le cardinal Pie. — Lille, *Desclée*, 1881. In-4, 4 pages. (Almanach catholique de France, 1881.)

S. E. le cardinal Régnier. — Amiens, *Rousseau*, 1881. In-8, 4 pages. (R. des Sc. eccl., janv. 1881.)

Oraison funèbre de l'éminentissime seigneur René-François, cardinal Régnier, du titre de la Trinité du Mont, archevêque de Cambrai, prononcée à Lille, le 3 février 1881, dans la basilique de Notre-Dame de la Treille et Saint-Pierre. — Lille, *Desclée*, 1881. In-8, 20 pages.

Léon XIII et saint Thomas d'Aquin. — Arras, *Laroche*, 1881. In-8, 30 pages. (R. des Sc. eccl., mars 1881.)

De gradibus theologicis, oratio academica ad theologos Insulenses, die VII Martii, anno M.D.CCC.LXXXI. — Atrebati, *Laroche*, 1881. In-8, 10 pages. (R. des Sc. eccl., avril 1881).

Oraison funèbre de S. E. le cardinal Régnier. — Lille, *Ducoulombier*, 1881. In-8, 3 pages. (Bulletin des Fac. cath. de Lille, avril 1881.)

Une réimpression de Stapleton. — Lille, *Ducoulombier*, 1881. In-8, 2 pages. (Bulletin des Fac. cath. de Lille, 1881.)

Nosseigneurs A. Duquesnay, P. P. Stumpf, S. Jacquenet. — Amiens, *Rousseau*, 1881. In-8, 5 pages. (R. des Sc. eccl., mai 1881.)

Le Cœur de Jésus et les dons du Saint-Esprit. — Lille, *Desclée*, 1881. In-8, 3 pages. (Semaine religieuse de Cambrai, 1881, p. 429-431.)

La Très-Sainte Trinité et le Cœur de Jésus. — Lille, *Desclée*, 1881. In-8, 3 pages. (Semaine religieuse de Cambrai, 1881, p. 443-445.)

La Sainte Eucharistie et le Cœur de Jésus. — Lille, *Desclée*, 1881. In-8, 3 pages. (Semaine religieuse de Cambrai, 1881, p. 459-461.)

Le Cœur de Jésus. — Lille, *Desclée*, 1881. In-8, 3 pages. (Semaine religieuse de Cambrai, 1881, p. 475-477.)

Distribution des prix du pensionnat Saint-Joseph, dirigé par les Frères Maristes. Haubourdin, 4 août 1881. Compte rendu et discours. — Lille, *Lefort*, 1881. In-8, 20 pages.

Oratio de studiis theologicis, Insulis habita in collatione graduum academicorum die XXVIII Julii, anno M.D.CCC.LXXXI, coram illustrissimo pontifice Alfrido Duquesnay, archiepiscopo Cameracensi. — Arras, *Laroche*, 1881. In-8, 4 pages. (R. des Sc. eccl., août 1881.)

La théologie et les congrès catholiques. Discours prononcé, le 10 novembre 1881, à la séance de rentrée des Facultés catholiques de Lille. — Amiens, *Rousseau*, 1881. In-8, 12 pages. (R. des Sc. eccl., oct. 1881.) — (Assemblée gén. des catholiques du Nord et du P.-de-C. tenue à Lille du 9 au 13 nov. 1881. — Lille, *Lefort*, 1882. In-8, 10 pages, p. 87-96.)

Allocution prononcée en présence de Mgr Duquesnay, à l'occasion de l'investiture canonique donnée aux nouveaux gradués en théologie de Lille. — Lille, *Ducoulombier*, 1881. In-8, 6 pages. (Bulletin des Fac. cath. de Lille, oct. 1881.)

Saint Thomas d'Aquin à Douai. — Amiens, *Rousseau*, 1881. In-8, 16 pages. (R. des Sc. eccl., déc. 1881.)

Rapport à la séance solennelle de rentrée, le 10 novembre 1881. — Lille, *Lefort*, 1881. In-8, 9 pages. (Bulletin des Fac. cath. de Lille, déc. 1881.)

1882

Lettre philosophique à la Comtesse de ***. — Lille, *Desclée*, 1882. In-4, 8 pages (Almanach catholique de France, 1882.)

L'école lilloise de saint Luc ; simple tract. — Lille, *Desclée*, 1882. In-12, 16 pages.

Oraison funèbre de Sa Grandeur Monseigneur Jean-Baptiste-Joseph Lequette, évêque d'Arras, Boulogne et Saint-Omer, prononcée à Lille, le 6 juillet 1882, dans la basilique de N.-D. de la Treille. — Lille, *Desclée*, 1882. In-8, 20 pages.

Catéchisme de persévérance, par A.-J. Simon, publié et annoté par M. J. Didiot. — Lille, *Lefort*, 1882. In-12, xvi-538 pages.

Rapport sur les examens de juillet 1882. — Lille, *Lefort*, 1882. In-8, 2 pages. (Bulletin des Fac. cath. de Lille, sept. 1882.)

Oraison funèbre de Mgr Lequette. — Lille, *Lefort*, 1882. In-8, 22 pages. (Bulletin des Fac. cath. de Lille, août, sept. et oct. 1882.)

Rapport à la séance solennelle de rentrée, le 27 novembre 1882. — Lille, *Lefort*, 1882. In-8, 10 p. (Bulletin des Fac. cath. de Lille, déc. 1882.)

1883

La Sainte Chapelle. — Lille, *Desclée*, 1883. In-4, 8 pages. (Almanach catholique de France, 1883.)

Paroles prononcées à une promotion. — Lille, *Lefort*, 1883. In-8, 3 pages. (Bulletin des Fac. cath. de Lille, janv. 1883.)

Notes d'un professeur. — Amiens, *Rousseau*. In-8, 20 pages. (R. des Sc. eccl., mai 1883.)

De Deo operante ad extra. Fragmenta theologica quae ad mentem R. D. Julii Didiot, S. Fac. Theol. Insul. decani, et ad privatam condiscipulorum utilitatem ex propriis codicibus scribebat aliquis ejusdem sacrae Facultatis auditor (H. Q.). Anno Christi 1883. — Lille, *Lefort*, 1883. In-4, 205 pages. Autographie.

Catéchisme du Cœur Sacré de Jésus. — Lille, *Desclée*, 1883. In-18, 61 pages.

2e édition. — Lille, *Desclée*, 1894. In-18, 59 pages.

A M. le Docteur Didiot, chanoine honoraire de Cambrai, doyen du Collège théologique de Lille, hommage de reconnaissance de ses anciens élèves, 21 juillet 1883. — Lille, in-8, 8 pages.

Inscription en remercîment à ses anciens élèves. — Lille, 1 feuillet in-8.

Enseignement supérieur libre. Facultés catholiques de Lille. Séance solennelle de rentrée, 15 novembre 1883. Rapport sur les travaux du Collège théologique pendant l'année académique 1882-1883. — Lille, *Desclée*, 1883. In-8, 9 pages.

Rapport sur le Congrès eucharistique d'Avignon. — Lille, *Lefebvre-Ducrocq*, 1883. In-8, 13 pages. (Assemblée gén. des catholiques du Nord et du Pas-de-Calais, tenue à Lille du 22 au 26 novembre 1882, p. 339-351.)

Le Congrès eucharistique d'Avignon. Deux discours prononcés à Avignon et à Lille. — Lille, *Lefebvre-Ducrocq*, 1883. In-12, 27 pages. (Congrès des œuvres eucharistiques, tenu à Avignon du 14 au 17 septembre 1882. — Lille, *Lefebvre-Ducrocq*, 1883. Discours d'ouverture, p. 598-610 ; discours au Congrès des catholiques du Nord sur le Congrès eucharistique d'Avignon, p. 717-727.)

M. Charles Bernard, vicaire général de Cambrai. Notice lue au Congrès catholique de Lille, le 13 novembre 1883. — Lille, *Lefebvre-Ducrocq*, 1883. In-8, 11 pages. (Assemblée gén. des catholiques du Nord et du Pas-de-Calais, tenue à Lille du 13 au 18 nov. 1883.— Lille, *Lefebvre-Ducrocq*, 1884, p. 68-76.)

Rapport à la séance solennelle de rentrée, le 15 novembre 1883. — Lille, *Lefort*, 1883. In-8, 9 pages. (Bulletin des Fac. cath. de Lille, déc. 1883.)

1884

Où les mettre ? Leçon de logique. — Lille, *Desclée*, 1884. In-4, 6 pages. (Almanach catholique de France, 1884.)

Principes de morale catholique, rédigés conformément au programme des écoles catholiques de l'archidiocèse de Cambrai. — Lille, *Lefort*, 1884. In-12, 172 pages.

Trois discours académiques. — Lille, *Desclée*, 1884. — In-8, 17 pages.

De Deo Redimente. Fragmenta theologica quae ad mentem Rev. Dom. Julii Didiot, sac. Fac. Theol. Insul. decani, et ad privatam condiscipulorum utilitatem ex propriis codicibus scribebat aliquis ejusdem sacrae Facultatis auditor (H. Q.). Anno Christi 1883-1884. — Lille, *Lefort*, 1884. In-4, 314 pages. Autographie.

Institution Saint-Jean. Distribution solennelle des prix du samedi 2 août 1884. Discours. — Saint-Quentin, 1884. In-18, 16 pages.

Les Richier et leurs œuvres, par l'abbé Souhaut, doyen de Ligny-en-Barrois. Bibliographie. — Lille, *Desclée*, 1884. In-4, 1 page. (R. de l'art chrétien, sept. 1884.)

Theologiae dogmaticae specialis commentarius quintus. De Deo praedestinante, sanctificante et consummante. Fragmenta theologica quae ad mentem Rev. Dom. Julii Didiot, sac. Fac. Theol. Insul. decani, et ad privatam condiscipulorum utilitatem scribebat aliquis ejusdem S. Facultatis auditor (A. C..). Anno Christi 1884. — Lille, *Lefort*, 1884. In-4, 190 pages. Autographie.

Rapport à la séance solennelle de rentrée, le 12 novembre 1884. — Lille, *Lefort*, 1884. In-8, 11 pages. (Bulletin des Fac. cath. de Lille, déc. 1884.)

1885

Le Comte Mazzello. — Lille, *Desclée*, 1885. In-4, 6 pages. (Almanach catholique de France, 1885.)

Extrait du *Journal de Rome* du 11 février 1885, sur le *Traité de droit naturel théorique et appliqué*, par Th. Rothe, tome I.

Homilia in D. Thomam Aquinatem, collegii theologici Insulensis coelestem patronum, habita nonis martiis anni M.D.CCC.LXXXV.— Insulis, *Lefort*, 1885. In-8, 12 pages.

Articles bibliographiques parus dans le *Bulletin bibliographique des Familles et des Institutions catholiques* publié sous le patronage de la *Semaine religieuse de Cambrai*. — Février, mars, avril, mai, juillet, septembre, décembre 1884.— Février, juin 1885.— Lille, *Desclée*.

Les deux bénédictions de Jacob. Sculpture sur bois du Musée de Verdun (Meuse). — Lille, *Desclée*, 1885. In-4, 6 pages, 2 planches. (R. de l'art chrétien, juillet 1885.)

A Fribourg.— Congrès eucharistique de 1885. I. Rapport.— II. Toast. — III. Une visite au cimetière des Français. — Lille, *Lefort*, 1886. In-8, 21 pages. (Congrès des œuvres eucharistiques, tenu à Fribourg du 9 au 13 sept. 1885. — Lille, *Lefort*, 1885, p. 588-599, 752-755.)

Correspondance. — Lille, *Desclée*, 1885. In-4, 2 pages. (R. de l'art chrétien, octobre 1885.)

Les Facultés de théologie.— Amiens, *Rousseau*, 1885. In-8, 11 pages. (R. des Sc. eccl., nov. 1885.)

De Humilitate cum Gradibus theologicis conjungenda. — Amiens, *Rousseau*, 1885. In-8, 4 pages. (R. des Sc. eccl., nov. 1885.)

Facultés catholiques de Lille. Théologie. 1884-1885. Deux discours académiques. — Amiens, *Rousseau*, 1886. In-8, 17 pages.

Rapport à la séance solennelle de rentrée, le 19 novembre 1885. — Lille, *Lefort*, 1885. In-8, 9 pages. (Bulletin des Fac. cath. de Lille, déc. 1885.)

1886

Conte de Noël. — Lille, *Desclée*, 1886. In-4, 8 pages. (Almanach catholique de France, 1886.)

Fragmenta theologica quae ad mentem R. D. Julii Didiot, Sac. Fac. Theol. Insul. decani, et ad privatam condiscipulorum utilitatem scribebat aliquis ejusdem S. Facultatis auditor (A. C.). Anno Christi M.D.CCC.LXXXV.

Theologiae dogmaticae specialis commentarius primus. Logica supernaturalis.— Lille, *Lefort*, 1886. In-4, CCXXXI pages. Autographie.

Theologiae dogmaticae specialis commentarius secundus. Theologia propriissime dicta, sive de Deo in se. — Lille, *Lefort*, 1886. In-4, 160 p. Autographie.

De Deo operante ad extra sui. — Lille, *Lefort*, 1886. In-4, CXXXVIII pages. Autographie.

L'équiprobabilisme. — Amiens, *Rousseau*, 1886. In-8, 19 pages. (R. des Sc. eccl., juin 1886.)

1887

La Chanson des Pèlerins de Saint-Jacques. — Lille, *Desclée*, 1887. In-8, 6 pages. (Almanach catholique de France, 1887.)

Une inscription tournaisienne. — Tournai, *Decalonne*, 1887. In-8, 5 pages. (Sem. rel. de Tournai, 5 mars 1887.)

La « Somme » d'un martyr, ou le B. Edmond Campion à Douai. — Amiens, *Rousseau*, 1887. In-8, 42 pages, 3 gravures.

Actions et Actionnaires. Consultation théologique. — (Le propriétaire chrétien, n° 7, juillet 1887.)

La chapelle pontificale au XIVe et au XVe siècle. — Amiens, *Rousseau*, 1887. In-8, 21 pages. (R. des Sc. eccl., sept. 1887.)

1888

La chapelle pontificale au XIVe et au XVe siècle. — Lille, *Desclée*, 1888. In-4, 8 pages. (R. de l'Art chrétien, janvier 1888.)

Une recette savante. Scènes du monde érudit. — Lille, *Desclée*, 1888. In-8, 6 pages. (Almanach catholique de France, 1888.)

Je suis la Lumière du monde. Souvenirs d'un sermon adressé aux Associés du Luminaire de l'Adoration réparatrice, le 6 janvier 1888. — Lille, *Monastère Saint-Joseph*, 1888. In-8, 18 pages. Tiré au polygraphe.

Rapport sur les enseignements pontificaux en 1887. — Lille, Ducoulombier, 1888. In-8, 31 pages. (Assemblée générale des catholiques du Nord et du Pas-de-Calais, tenue à Lille du 28 nov. au 4 déc. 1887, p. 55-85.)

Exercice du chemin de la Croix pour le pèlerinage de Saint-Rouin. — Verdun, *Laurent*, 1888. In-18, 28 pages.

Le bienheureux Edmond Campion, S. J., à Oxford et à Douai. Discours fait en l'église Saint-Jacques de Douai, le vendredi 11 mai 1888. — Douai, *Dechristé*, 1888. In-8, 40 pages.

Panégyrique du bienheureux Edmond Campion, martyr, de la Compagnie de Jésus, prêché le 5 juin 1888, dans la basilique de Notre-Dame de la Treille, à Lille. — Lille, *Ducoulombier*, 1888. In-12, 34 pages.

La fin du rosminianisme : commentaire théologique et philosophique. — Amiens, *Rousseau*, 1888. In-8, 41 pages. (R. des Sc. eccl., mai 1888.)

Jérusalem et Benoîte-Vaux. Discours fait à Benoîte-Vaux, le 13 septembre 1888, en la veille de l'Exaltation de la Sainte-Croix. — Verdun, *Laurent*, 1888. In-8, 22 pages.

Le plain-chant officiel. — Amiens, *Rousseau*, 1888. In-8, 20 pages. (R. des Sc. eccl., sept. 1888.)

Questions financières. Consultation théologique. — (Le propriétaire chrétien, n° 12, octobre 1888.)

La Sainte Communion dans les maisons religieuses. — Amiens, *Rousseau*, 1888. In-8, 3 pages. (R. des Sc. eccl., nov. 1888.)

1889

En Moravie. — Lille, *Desclée*, 1889. In-4, 9 pages. (Almanach catholique de France, 1889.)

Un tableau morave. — Lille, *Desclée*, 1889, in-4, 2 pages, 1 planche. (R. de l'art chrétien, janv. 1889.)

Monographie des sceaux de Verdun, avec les documents inédits qui s'y rapportent, par Pierre Dony. Bibliographie. — Lille, *Desclée*. In-4, 1 page. (R. de l'art chrétien, janvier 1889.)

Saint François de Sales, philosophe ; discours prononcé le 29 janvier 1889, devant la Faculté catholique de philosophie et lettres de Lille. — Lille, *Lefort*, 1889. In-8, 28 pages. (R. des Sc. eccl., janv. 1889.)

Aux membres de l'Association des anciennes enfants de Marie d'Esquermes. — Lille, *Lefort*, 1889. In-8, 4 pages.

Monastère de Notre-Dame de la Plaine, à Esquermes. Association de Notre-Dame des Vertus. Statuts de l'Association des anciennes enfants de Marie. — Lille, *Lefort*, 1889. In-18, 23 pages.

Rapport sur les confréries du Très-Saint-Sacrement. — Lille, *Lefort*, 1889. In-8, 13 pages. (Assemblée gén. des catholiques du Nord et du Pas-de-Calais, tenue à Lille du 27 nov. au 2 déc. 1888, p. 56-58.)

Plain-chant et musique religieuse. — Amiens, *Rousseau*, 1889. In-8, 20 pages. (R. des Sc. eccl., mars 1889.)

Discours prononcé le 29 janvier 1889, en la fête de saint François de Sales. — Lille, *Lefort*, 1889. In-8, 18 pages. (Bulletin des Fac. cath.) de Lille, mars 1889.)

Commentaire théologique de la IVe session du concile de Trente. — Amiens, *Rousseau*, 1889. In-8, 30 pages. (R. des Sc. eccl., mai 1889.)

Commentaire historique de la IVe session du Concile de Trente. — Amiens, *Rousseau*, 1889. In-8, 38 pages. (R. des Sc. eccl., juin 1889.)

Consultation théologique sur l'extrême-onction. — Amiens, *Rousseau*, 1889. In-8, 7 pages. (R. des Sc. eccl., juil. 1889.)

Une sculpture ancienne du Sacré-Cœur. — Tournai, *Casterman*, 1887. In-18, 4 pages. (Le Règne du Cœur de Jésus, 1re année, no 7, juillet 1889.)

Dictionnaire apologétique de la Foi catholique, par J.-B. Jaugey. — Paris, *Delhomme et Briguet*, 1889. — Les articles : Apparitions (252-255), Célibat ecclésiastique (426-433), Clergé (509-515), Conciles (523-530), Confession (530-539), Conversion (614-628), Définitions ecclésiastiques (742-748), Dispenses (872-876), Divorce (878-888), Église (967-1034), Enfer (1062-1068), Esclavage (1071-1076), Évêque (1229-1232), Femmes (âme des)

(1241-1243), Foi (1282-1296), Immaculée-Conception (1473-1476), Indulgences (1508-1516), Inquisition : principes (1525-1530), Libertés modernes, libertés politiques (1823-1833), Mariage (1936-1948), Martyre (1948-1954), Messe (2010-2017), Missions (2116-2121), Ordres religieux (2232-2239), Papauté (2271-2301), Péché originel (2366-2373), Pèlerinages (2373-2376), Pouvoir civil (2543-2553), Pouvoir temporel du Pape (2553-2559), Presse (2589-2593), Progrès (2620-2628), Purgatoire (2718-2723), Reliques (2785-2788), Restrictions mentales (2788-2791), Résurrection des corps (2832-2838), Révélation (2838-2845), Révolution (2845-2851), Rois (Droit divin des) (2870-2875), Salut éternel (2903-2905), Sociétés secrètes (2947-2951), Suffrage universel (3005-3007), Superstition (3011-3016), Surnaturel (3016-3021), Syllabus (3025-3032), Théâtres (3058-3062), Trinité divine (3104-3112), Usurpateurs (3132-3136), Vœu (3182-3185), Zèle (3192-3196).

1890

Inscription bretonne : Scènes du monde savant. — Lille, *Desclée*, 1890. In-4, 8 pages. (Almanach catholique de France, 1890.)

Un nouveau millénarisme.— Amiens, *Rousseau*, 1890. In-8, 33 pages. (R. des Sc. eccl., janv. 1890.)

Nécrologie : L'abbé Martin.— Amiens, *Rousseau*, 1890. In-8, 3 pages. (R. des Sc. eccl., janv. 1890.)

Seul avec le Sacré-Cœur. Opuscule italien publié en 1643 par le P. Ignace del Nente, dominicain, traduit et annoté par le Dr Jules Didiot. — Tournai, *Casterman*, 1890. In-12, 36 pages.

Sur le traité « Du Pape ».— Amiens, *Rousseau*, 1890. In-8, 33 pages. (R. des Sc. eccl., juil. 1890.)

A Anvers, 18 août 1890. Discours lu dans la première séance générale du Congrès eucharistique. — Anvers, *Bellemans*, 1890. — In-8, 12 pages.

8 septembre 1890. Benoîte-Vaux. Discours.— Verdun, *Laurent*, 1890. In-8, 19 pages.

Note théologique sur la propriété mobilière. — (Le propriétaire chrétien, n° 20, octobre 1890.)

Monographie des sceaux de Verdun, avec les documents qui s'y rapportent, par Pierre Dony, tome II, Évêques. Bibliographie. — Lille, *Desclée*, 1890. In-4, 1 page. (R. de l'art chrétien, octobre 1890.)

Trois jours d'études sacerdotales sur les questions sociales et ouvrières à Notre-Dame de l'abbatiale de Braine (Aisne). 17-19 septembre 1890. Discours sur la réunion de Braine, prononcé au Congrès de Lille, le 19 novembre 1890. — Limé, *Imp. de la Croix de l'Aisne*, 1890. In-8, 8 pages.

Discours à la Société des instituteurs libres laïques.— In-8, 7 pages.

1891

Légende de Noël. — Lille, *Desclée*, 1891. In-4, 7 pages. (Almanach catholique de France, 1891.)

Un ou deux sujets de l'infaillibilité ecclésiastique ? — Amiens, *Rousseau*, 1891. In-8, 13 pages. (R. des Sc. eccl., janv. 1891.)

Théologie morale. — Amiens, *Rousseau*, 1891. In-8, 10 pages. (R. des Sc. eccl., janv. 1891.)

Discours sur la réunion de Braine. — Lille, *Imprimerie Salésienne*, 1891. In-8, 6 pages. (Assemblée gén. des catholiques du Nord et du Pas-de-Calais, tenue à Lille du 18 au 23 nov. 1890, p. 42-47.)

De studiis theologicis, olim et nunc. Oratio in festo Divi Thomae Aquinatis, die VII Martii anno M.D.CCC.XCI. — Amiens, *Rousseau*, 1891. In-4, 14 pages.

Le compte de conscience et la sainte communion en religion. — Amiens, *Rousseau*, 1891. In-8, 16 pages. (R. des Sc. eccl., mars 1891.

La doctrine spirituelle du B. Grignon de Montfort. — Amiens, *Rousseau*, 1891. In-8, 25 pages. (R. des Sc. eccl., avril 1891.)

La « Doctrine des XII apôtres. » — Lille, *Ducoulombier*, 1891. In-8, 17 pages. (R. de Lille, mai 1891.)

Nouvelles observations sur la propriété mobilière. — (Le propriétaire chrétien, n° 23, juillet 1891.)

Cours de théologie catholique. Logique surnaturelle subjective. Préface. — Lille, *Lefort*, 1891. In-8, 9 pages. (Bulletin des Fac. cath. de Lille, sept. 1891.)

Cours de théologie catholique. Logique surnaturelle subjective. — — Lille, *Lefort*, 1891. In-8, xvi-557 pages.
2e édition. — Lille, *Taffin*, 1894. In-8, xvi-557 pages.

Ascétique et mystique. — Discours fait au Carmel de Douai, le 24 novembre 1891, dernier jour des fêtes du IIIe centenaire de saint Jean de la Croix. — Lille, *Lefort*, 1891. In-12, 28 pages.

L'anthropopithèque et la théologie. — Lille, *Ducoulombier*, 1891. In-8, 23 pages. (R. de Lille, déc. 1891.)

Traité de la dévotion à la Sainte-Vierge, par le bienheureux Louis-Marie Grignon de Montfort ; texte primitif, avec préface et commentaires. — Rennes, *Caillière*, 1891. In-12, xii-280 pages.

Association catholique des Patrons du Nord de la France. Révolution. — *Notre-Dame du Haut-Mont*, 1891. In-4, 7 pages. Autographie

Association catholique des Patrons du Nord de la France. Progrès. — *Notre-Dame du Haut-Mont*, 1891. In-4, 9 pages. Autographie.

Association catholique des Patrons du Nord de la France. Pouvoir civil. — *Notre-Dame du Haut-Mont*, 1891. In-4, 12 pages.

Textes théologiques de Dante Alighieri (1265-1321) pour cinq conférences. — In-4, 4 pages. Autographie.

1892

La question juive au Val d'Andorre. — Lille, *Desclée*, 1892. In-4, 4 pages (Almanach catholique de France, 1892.)

Tombes du pays verdunois et des environs. — Tombe de Dom Didier de la Cour, par Pierre Dony. Bibliographie. — Lille, *Desclée*, 1892. In-4, 1 page. (R. de l'art chrétien, janvier 1892.)

La question ouvrière d'après l'encyclique pontificale du 15 mai 1891. — Amiens, *Rousseau*, 1892. In-8, 47 pages. (R. des Sc. eccl., avril à juin 1892.)

Saint Luc, médecin et théologien ; homélie prononcée le 2 juillet 1892, en la fête patronale de la Faculté catholique de médecine et de pharmacie de Lille. — Lille, *Danel*, 1892. In-8, 8 pages. (Journ. des Sc. médicales, 22 juillet 1892.)

Homélie prononcée à la fête patronale de la Faculté de médecine, le 2 juillet 1892. — Lille, *Lefort*, 1892. In-8, 11 pages. (Bulletin des Fac. cath. de Lille, août 1892.)

Études d'économie sociale. — Amiens, *Rousseau*, 1892. In-8, 34 pages. (R. des Sc. eccl., sept. et oct. 1892.)

Le jubilé pontifical de Léon XIII. — Amiens, *Rousseau*, 1892. In-8, 15 pages. (R. des Sc. eccl., nov. 1892.)

Commentaire traditionnel de la IVe session du concile de Trente. — Amiens, *Rousseau*, 1892. In-8, 136 pages. (R. des Sc. eccl., 1890 et 1892.)

Notes d'un professeur. — Amiens, *Rousseau*, 1892. In-8, 299 pages. (R. des Sc. eccl., 1878 à 1892.)

Le miracle. — Lille, *Ducoulombier*, 1892. In-8, 27 pages. (R. de Lille, nov. 1892.)

Cours de théologie catholique. Logique surnaturelle objective. — Lille, *Lefort*, 1892. In-8, XI-679 pages.

1893

Hosanna ! — Lille, *Desclée*, 1893. In-4, 8 pages. (Almanach catholique de France, 1893.)

Vues de Lourdes. — Lille, *Ducoulombier*, 1893. In-8, 16 pages. (R. de Lille, janv. 1893.)

Eloge du B. Albert le Grand, prononcé le 24 janvier 1893. — Lille, *Taffin*, 1893. In-8, 12 pages. (Bulletin des Fac. cath. de Lille, fév. 1893.)

La somme des créatures, du bienheureux Albert le Grand. — Lille, *Taffin*, 1893. In-8, 15 pages.

Société de Saint-Vincent-de-Paul. Conférences de Lille. Retraite annuelle de 1893. Simple sommaire. — Lille, *Taffin*, 1893. In-18, 33 p.

1894

Une fête populaire. — Lille, *Desclée*, 1894. In-4, 8 pages. (Almanach catholique de France, 1894.)

Le docteur angélique saint Thomas d'Aquin. — Lille, *Desclée*, 1894. In-8, x-315 pages, 16 gravures.

La doctrine de saint Thomas d'Aquin. — Lille, *Ducoulombier*, 1894. In-8, 20 pages. (R. de Lille, fév. 1894.)

Une perspective. — Lille, *Ducoulombier*, 1894. In-8, 9 pages. (R. de Lille, avril 1894.)

A. Farges. L'idée de Dieu d'après la raison et la science. Bibliographie. — Lille, *Ducoulombier*, 1894. In-8, 2 pages. (R. de Lille, avril 1894.)

Rapport sur les temps nouveaux. — Lille, *Ducoulombier*, 1894. In-8. 8 pages. (Assemblée gén. des catholiques du Nord et du P.-de-C. tenue à Lille du 21 au 26 nov. 1893, p. 14-21.)

Les livres saints d'après l'encyclique *Providentissimus Deus*. — Lille, *Ducoulombier*, 1894. In-8, 14 pages. (R. de Lille, mai 1894.)

Dante et Léon XIII. — Lille, *Taffin*, 1894. In-8, 15 pages. (R. de Lille, nov. 1894.)

Traité de la Sainte Écriture d'après Sa Sainteté Léon XIII. — Lille, *Taffin*, 1894. In-12, 256 pages.

Rapport à la séance solennelle de rentrée, le 22 novembre 1894. — Lille, *Taffin*, 1894. In-8, 9 pages. — (Bulletin des Fac. cath. de Lille, nov. 1894.)

1895

La voix de Jeanne d'Arc. — Lille, *Desclée*, 1895. In-4, 9 pages, 3 gravures. (Almanach catholique de France, 1895).

L'objet de la foi. — Lille, *Taffin*, 1895. In-8, 20 pages. (R. de Lille, janv. 1895.)

Le chant de l'Église latine. — Lille, *Taffin*, 1895. In-8, 20 pages. (R. de Lille, fév. 1895.)

Les Facultés catholiques de Lille. — Lille, *Taffin*, 1895. In-8, 20 p. (R. de Lille, avril 1895.)

Messieurs Berthelot et Renan. — Lille, *Taffin*, 1895. In-8, 12 pages. (R. de Lille, mai 1895.)

Les opérations morales de l'homme. — Lille, *Taffin*, 1895. In-8, 65 pages. (R. de Lille, avril à oct. 1895.)

Bibliographie. — Lille, *Taffin*, 1895. In-8, 2 pages. (R. de Lille, octobre 1895.)

Rapport à la séance solennelle de rentrée, le 21 novembre 1895. — Lille, *Taffin*, 1895. In-8, 7 pages. (Bulletin des Fac. cath. de Lille, nov. 1895.)

Notes sur la théorie catholique de l'impôt, dans le Propriétaire chrétien, 1895.

Notes sur le rôle du clergé dans les œuvres ouvrières et agricoles, dans les Semaines religieuses d'Arras et de Périgueux, 1894-1895.

1896

Visions. — Lille, *Desclée*, 1896. In-4, 6 pages. (Almanach catholique de France, 1896.)

Monsieur le Curé de Fives, né le 2 février 1815, mort le 1er février 1896. — Lille, *Morel*, 1896. In-18, 8 pages. (Vraie France, 6 fév. 1896.)

Le père, la mère, l'enfant. — Lille, *Taffin*, 1896. In-8, 10 pages. (R. de Lille, avril 1896.)

Théorie catholique du plaisir. — Paris, *Letouzey*, 1896. In-8. 10 pages. (R. du Clergé français, 15 mai 1896.)

Postes concordataires. — Lille, *Morel*, 1896. In-8, 7 pages. (Revue administrative du Culte catholique, avril-mai 1896.)

Cours de Théologie catholique. Morale surnaturelle fondamentale. — Lille, *Taffin*, 1896. In-8, xii-606 pages.

Allocution au Congrès national de Reims, 1896. (Premier fascicule du Compte rendu.)

Les principes sociologiques de Sa Sainteté Léon XIII. Communication verbale faite au Congrès national de Reims. — Lille, *Ducoulombier*, 1896. In-8, 12 pages.

Préface aux *Pensées et pages inédites de Maine de Biran*, publiées par M. Mayjonade. — Périgueux, *bureaux de la Semaine religieuse*, 1896. In-8, 16 pages.

Le christianisme de Maine de Biran. — Arras, *Sueur*, 1896. In-8, 12 pages. (R. de Lille, nov. 1896.)

Le pauvre dans l'Ancien Testament. Étude biblique. — Paris, 6, rue de Furstemberg, 1896. In-24, 94 pages.

Rapport à la séance solennelle de rentrée, le 3 décembre 1896. — Lille, *Taffin*, 1896. In-8, 9 pages. (Bulletin des Fac. cath. de Lille, déc. 1896.)

Le Bienheureux Bernardin Réalino, jésuite. — Arras, *Sueur*, 1896. In-8, 13 pages. (R. de Lille, déc. 1896.)

Pensées de Blaise Pascal, dans leur texte authentique et selon l'ordre voulu par l'auteur ; édition coordonnée et annotée. — Lille, *Desclée*, 1896. In-8, viii-399 pages.

Morts sans baptême. Lettres de consolation et de doctrine. — Lille, *Bergès*, 1896. In-18, 140 pages.

Notes diverses dans le journal *La Vraie France* de 1877 à 1896.

1897

Fragments socialistes. — Lille, *Desclée*, 1897. In-4, 5 pages. (Almanach catholique de France, 1897.)

Principes sociologiques de Léon XIII. — Arras, *Sueur*, 1897. In-8, 10 pages. (R. de Lille, janv. 1897.)

Lettre d'un prêtre catholique romain aux métropolitains anglicans de Cantorbéry et d'York, sur leur réponse au pape Léon XIII. — Arras, *Sueur*, 1897. In-8, 20 pages. (R. de Lille, mai 1897.)

L'inscription grecque de Pectorius d'Autun. — Paris, *Letouzey*, 1897. In-8. (R. du Clergé français, 1897.)

Le motif de la foi. — Arras, *Sueur*, 1897. In-8, 14 pages. (R. de Lille, juillet 1897.)

Cours de Théologie catholique. Morale surnaturelle spéciale. Vertus théologales. — Lille, *Taffin*, 1897. In-8, VIII-526 pages.

La foi, sa nature, ses propriétés, son objet. — Arras, *Sueur*, 1897. In-8, 24 pages. (R. de Lille, octobre 1897.)

1898

Essai de dictionnaire. — Lille, *Desclée*, 1898. In-4, 4 pages. (Almanach catholique de France, 1898.)

Hradisch et Carthage, ou la dévotion à la Sainte Volonté de Dieu. — Lille, *Maison Saint-Camille*, 1898. In-8, 11 pages. (Bulletin mensuel de la pieuse Association des malades, t. II, p. 1-13.)

Hradisch et Carthage, ou la dévotion à la Sainte Volonté de Dieu, avec une lettre de S. G. Mgr Combes, archevêque de Carthage. — Lille, 1898. In-8, 14 pages.

2e édition, publiée par le Carmel de Carthage. — Tours, *Mame*, 1900. In-12.

Prières indulgenciées en l'honneur des saints *Quod-Vult-Deus* et *Deo-Gratias*. — Lille, *Maison Saint-Camille*, 1898. In-8, 2 pages. (Bulletin de la pieuse Association des malades, t. II, p. 123-124.

L'ange conducteur des âmes scrupuleuses ou qui ont peur de Dieu, à l'usage des fidèles et des confesseurs, par un vieux confesseur, avec une préface de M. le chan. J. Didiot. — Lille, *Desclée*, 1898. In-32, 6 pages.

Le scrupule. — Lille, *Maison Saint-Camille*, 1898. In-8, 4 pages. (Bulletin de la pieuse Association des malades, t. II, p. 98-101.)

Angetaust verstorbene Kinder. Dogmatische Trostbriefe, von Dr Julius Didiot, mit Erlaubnisz des Verfassers in's Deutsche übertragen, von G. Wampach. — Kempten, *Kosel*, 1898. In-16, VIII-56 pages.

Vues de Lourdes. — Lille, *Maison Saint-Camille*, 1898. In-8, 21 p. (Bulletin de la pieuse Association des malades, t. II, p. 153-157 ; 188-191 ; 214-218 ; 240-245.)

Littérature italienne. Dante et l'esthétique chrétienne. — Lille, *Morel*, 1898. In-8, 3 pages. (Enseignement supérieur des jeunes filles. Souvenir des conférences de 1897-1898.)

Observations sur l'imagerie religieuse et populaire en Russie. — Lille, *Desclée*, 1898. In-4, 9 pages. (R. de l'Art chrétien, juillet 1896.)

1899

Conférence féministe. — Lille, *Desclée*, 1899. In-4, 4 pages. (Almanach catholique de France, 1899.)

Outre-mer et Outre-tombe. — Arras, *Sueur*, 1899. In-8, 34 pages. (R. de Lille, novembre 1898, janvier et mars 1899.)

Saint Julien du Mans et l'église russe. — Mamers, *Fleury*, 1899. In-8, 29 pages, 3 gravures. (R. hist. et archéol. du Maine, t. XLV.)

Le Château-Blanc. — Arras, *Sueur*, 1899. In-8, 11 pages. (R. de Lille, juillet 1899.)

Bibliographie. — Arras, *Sueur*, 1899. In-8, 2 pages. (R. de Lille, septembre 1899.)

Cours de théologie catholique. Morale surnaturelle spéciale. Vertu de religion. — Lille, *Taffin*, 1899. In-8, x-564 pages.

Dictionnaire de Théologie catholique publié sous la direction de A. Vacant. Fasc. I. — Paris, *Letouzey*, 1899. — Les articles : Abrogation des lois (126-129), Acceptation des lois (295-299.)

Critique religieuse contemporaine. — Lille, *Morel*, 1899. In-8, 3 p. (Enseignement supérieur des jeunes filles. Souvenir des conférences de 1898-1899.)

1900

Une sœur de Fra Angelico. — Lille, *Desclée*, 1900. In-4, 13 pages. (Almanach catholique de France, 1900.)

Une sœur de Fra Angelico : Étude biographique et artistique sur la Révérende mère Marie-Thérèse du Cœur de Jésus, fondatrice de la Congrégation de l'Adoration Réparatrice. — Lille, *Desclée*, 1900. In-12, 47 pages, 1 gravure.

Saint Thomas d'Aquin est-il socialiste ? — Arras, *Sueur*, 1900. In-8, 15 pages. (R. de Lille, déc. 1899.)

Ame bretonne. — Arras, *Sueur*, 1900. In-8, 2 pages, (R. de Lille, mars 1900.)

Un siècle de philosophie. — Arras, *Sueur*, 1900. In-8, 39 pages. (R. de Lille, août 1900.)

La philosophie. — Paris, *Oudin*, 1900. In-8, 39 pages. (Ch. XV de : *Un siècle, Mouvement du monde de 1800 à 1900*. Paris, *Oudin*, 1900.)

Questions choisies d'apologétique. — Lille, *Morel*. In-8, 2 pages. (Enseignement supérieur des jeunes filles ; Souvenir des conférences de 1899-1900.)

1901

La philosophie du comte Mazzello. — Lille, *Desclée*, 1901. In-4, 5 p. (Almanach catholique de France, 1901.)

Triduum solennel célébré à Lille, les 10, 11 et 12 mai 1901, en l'honneur du bienheureux François-Régis Clet, prêtre de la Congrégation de la Mission. Panégyrique. — Lille, *Lefebvre-Ducrocq*, 1901. In-8, 14 pages.

Bibliographie. — Arras, *Sueur*, 1901. In-8, 3 pages. (R. de Lille, janv. mai, juin 1901.)

Questions religieuses contemporaines. Le féminisme. — Lille, *Morel*, 1901. In-8, 2 pages. (Enseignement supérieur des jeunes filles : Souvenir des conférences de 1900-1901.).

1902

Visions d'anges. Mystère valenciennois en 3 actes. — Lille, *Desclée*, 1902. In-4, 11 pages, 1 gravure, un plan, 2 fac-similés. (Almanach catholique de France, 1902.)

L'abbé Jozon et le savant Tacaud. — Arras, *Sueur*, 1901-1902. In-8, 20 pages. (R. de Lille, mars 1902.)

Contribution philosophique à l'étude des sciences. — Lille, *Desclée*, 1902. In-12, XIV-302 pages.

Rapport à Mgr l'Archevêque de Cambrai sur les reliques de Cysoing. — Roubaix, *Reboux*, 1902. In-8, 7 pages. (Mémoires de la Société d'Émulation de Roubaix, 1902.)

Questions religieuses d'actualité. — Lille, *Morel*, 1902. In-8, 3 pages. (Enseignement supérieur des jeunes filles. Souvenir des conférences de 1901-1902.)

Succès pontifical. — Arras, *Sueur*, 1902. In-8, 14 pages. (R. de Lille, décembre 1902.)

1903

Andorre ou Saint-Marin ? — Lille, *Desclée*, 1903. In-4, 8 pages. (Almanach catholique de France, 1903.)

Questions religieuses actuelles. — Lille, *Morel*, 1903. In-8, 3 pages. (Enseignement supérieur des jeunes filles. Souvenir des Conférences de 1902-1903.)

Le pauvre dans la Bible. — Lille, *Desclée*, 1903. In-18, 185 pages.

Société de Saint-Vincent-de-Paul. Conseil central de Lille. — Les Procès-verbaux des Réunions plénières de juillet 1887 à juillet 1903 donnent en résumé les instructions de M. le chanoine J. Didiot. Elles sont d'ailleurs reprises dans *Le Pauvre dans l'Ancien Testament* et dans *Le Pauvre dans la Bible*.

Bulletin mensuel de la pieuse Association des malades et des serviteurs des malades. — Lille, *Maison Saint-Camille*, 1897-1903. Collaboration. Résumés d'allocutions.

La section des Sciences sociales et politiques à l'Université catholique de Lille. — *Morel*, 1 br. in-12 annuelle. On y trouve le programme plus ou moins détaillé du cours de *sociologie* professé par M. le chanoine Didiot de 1893 à 1903. L'analyse de ces cours de sociologie a été aussi publiée dans le *Journal de Roubaix*, dans *La Vraie France* de Lille et *La Croix du Nord*.

1904

La Faculté de Théologie de Lille dans le procès de l'ordinaire sur le martyre des Filles de la Charité d'Arras. Rapport. — Lille, *Taffin*, 1904. In-8, 12 pages. (Bulletin des Fac. cath. de Lille, nov. 1903 et janv. 1904.)

CH^NE JULES DIDIOT
LILLE
25, BOULEVARD BIGO-DANEL

† 11 février 1902

Mon cher ami,

Quelle compassion à la pensée du lumbago vous clouant trois semaines au lit ! Et quelles félicitations de vous en savoir décloué ! Moi, qui me plains des moindres bobos, je suis bien lâche & bien injuste, vraiment. Vous me donnez une leçon dont je tâcherai de profiter.

Je suis heureux de vous savoir dans une paroisse avantageuse, avec belle résidence. Il faudra bien que je voie cela un jour. Les chemins de fer & les gares ne sont pas pour les chiens seuls : les bonnes gens comme moi ont le droit de circulation, surtout pour voir de braves & honnêtes gens comme vous. Si vous avez du travail moral en compensation du travail matériel qui commençait à peser sur vos jambes, tant mieux ! C'est à peu près l'idéal pour un prêtre, d'employer son expérience et sa patience au service des tièdes et des glacés.

Mme Mouton vous aura dit que son cher Georges achève à Saint-Sulpice, où il a été ordonné diacre en décembre, sa préparation sérieuse & généreuse à la prêtrise. J'espère que le Diocèse aura une très utile recrue en sa personne. Je serai remplacé mieux que je ne pouvais l'espérer, et j'en remercie Dieu vivement.

Au revoir donc, mon bon et cher vieil ami. Priez pour moi.

Ch^ne Jules Didiot

Lettre autographe de M. le chanoine Didiot.

TABLE DES MATIÈRES

LILLE. — IMP. LEFEBVRE-DUCROCQ.

www.ingramcontent.com/pod-product-compliance
Ingram Content Group UK Ltd.
Pitfield, Milton Keynes, MK11 3LW, UK
UKHW020143220726
13923UKWH00001B/344